新时代新理念职业教育教材·铁道运输类
行业紧缺人才、关键岗位从业人员培训教材
校企"双元"合作开发教材

铁路行车规章

主　编　袁绍东

副主编　张　颖

北京交通大学出版社

·北京·

内 容 简 介

本书由高校教师和铁路企业专家根据《职业教育专业简介》（2022 年修订）和《高等职业学校专业教学标准》进行编写，体现最新教改精神，符合职业教育教学要求。本书共 7 个项目，具体包括：绪论、技术设备、编组列车、调车工作、普速列车运行、高速铁路列车运行、信号显示。

本书体系完整、精练实用、图文并茂，适合作为高等职业院校、中等职业学校、技工学校铁道运输类专业的教材和铁路企业职工培训教材，还可供铁路相关专业技术人员参考。

图书在版编目（CIP）数据

铁路行车规章 / 袁绍东主编. —北京：北京交通大学出版社，2023.1
ISBN 978-7-5121-4856-7

Ⅰ. ① 铁…　Ⅱ. ① 袁…　Ⅲ. ① 铁路行车–规章制度–高等职业教育–教材
Ⅳ. ① U292

中国版本图书馆 CIP 数据核字（2022）第 246500 号

铁路行车规章
TIELU XINGCHE GUIZHANG

策划编辑：刘 辉　　责任编辑：刘 辉
出版发行：北京交通大学出版社　　　　　电话：010-51686414　　　http://www.bjtup.com.cn
地　　址：北京市海淀区高粱桥斜街 44 号　邮编：100044
印 刷 者：北京鑫海金澳胶印有限公司
经　　销：全国新华书店
开　　本：185 mm×260 mm　　印张：12.25　　字数：304 千字
版 印 次：2023 年 1 月第 1 版　　2023 年 1 月第 1 次印刷
印　　数：1～2 500 册　　定价：48.80 元

本书如有质量问题，请向北京交通大学出版社质监组反映。对您的意见和批评，我们表示欢迎和感谢。
投诉电话：010-51686043，51686008；传真：010-62225406；E-mail：press@bjtu.edu.cn。

| 前 言 |

在国家大力发展职业教育，不断加强新时代高技能人才队伍建设的新形势下，我们总结多年教学经验，融合铁路企业一线岗位职业技能要求，根据教学需要，编写了本书。本书具有以下特点。

（1）体现最新教学标准。本书根据《职业教育专业简介》（2022 年修订）和《高等职业学校专业教学标准》进行编写，体现最新教改精神，是一本落实教学标准的贯标教材。

（2）符合职业教育要求。本书体系完整、内容精练，以工作岗位对职业能力的要求为纲，对知识和技能的阐述以"够用"为度，图文并茂，契合职业教育学生的认知特点。

（3）校企双元合作开发。本书由高校教师和铁路企业专家联合进行总体构思、框架设计和内容选择，是一本校企双元合作开发教材。

由于许多铁路行车规章制度由原铁道部、中国铁路总公司制定，目前仍有效，为保持内容的一致性，本书引用相关规章制度时，保留了铁道部、中国铁路总公司等称谓，特此说明。

受限于编者的水平和时间，本书不足之处在所难免，恳请广大读者批评、指正。反馈意见，索取教学资源，可与出版社编辑刘辉联系（邮箱：hliu3@bjtu.edu.cn；QQ：39116920）。

编　者
2023 年 1 月

| 目 录 |

项目 **1**

绪　论

知 识 点

1. 铁路运输的特点；
2. 铁路技术管理的主要内容；
3. 铁路行车基本规章；
4. 对行车有关人员的要求。

技 能 目 标

1. 掌握铁路运输的特点及对行车有关人员的要求；
2. 了解《铁路技术管理规程》在铁路运输组织工作中的重要作用；
3. 了解《铁路技术管理规程》《行车组织规则》《车站行车工作细则》《段行车工作细则》等规章的分类及相互关系。

任务 1.1　铁路运输与铁路技术管理

1. 铁路运输的概念

铁路是使用机车牵引车辆组成列车（或自身有动力装置的车辆）循轨行驶的交通方式。

铁路运输是以固定轨道作为运输线路，由机车车辆运送旅客和货物的运输方式。传统的铁路运输方式是通过车轮在钢轨上行进，即钢轨作为光滑且坚硬的承托让车轮以小的摩擦力滚动，因此平稳和节能是铁路的两大特点。目前磁浮等非接触方式也包括在铁路运输的范畴内，广义上的铁路运输甚至还包括缆车、索道等非钢轮行进的方式，可见，随着技术的发展，铁路运输的外延在逐步扩大。

2. 铁路运输的特点

铁路运输具有以下特点。

1）体系庞大、协同运作

铁路运输大规模、高度集中的特点，要求庞大、复杂的铁路系统必须紧密联系、协同配合。我国铁路运输生产过程是在全国纵横交错的铁路网上进行的。目前，在我国的铁路网上已拥有十几万 km 线路、几千个车站、几百万职工，配备了大量的技术设备，并设有运输、机车、车辆、工务、电务、供电、给水、信息等业务部门，每天有上万台机车和几十万辆车辆编成数以千计的各种列车及动车组列车,在四通八达的铁路线上昼夜不停地运行。同时,铁路运输的作业环节多且复杂,要求各单位和各工种间积极配合、紧密联系、协同运作,要像一架庞大的联动机,环环紧扣,有节奏地运行。为此,在铁路运输组织工作中必须贯彻高度集中、统一指挥的原则。

2)社会经济综合效益好

(1)运量大。运量大主要体现为单列客运列车能运送几百名到上千名旅客,单列货物列车能运送几千 t 货物,如果是重载货物列车则可以运送上万 t 货物(目前我国的"大秦"铁路已经开行 2 万 t 重载货物列车)。铁路是国民经济的命脉,国民经济发展的规模和速度在很大程度上是以铁路运输的发展为前提条件的。铁路运输也是流通领域的支柱,它是沟通工农业、城乡、地区、企业之间经济活动的纽带,是面向社会为公众服务的公用事业,是对国民经济和社会发展具有全局性、先行性影响的基础行业。

(2)速度快。以机车为代表的铁路运输设备设施带来了 100 km/h 以上的速度,城际、客运专线、高速铁路旅客列车速度则可达 200~350 km/h;铁路货物列车的速度也普遍在 80 km/h 以上。

(3)运输成本低。铁路运输成本只是公路运输成本的十几分之一到几分之一,是航空运输成本的几十分之一。值得一提的是,铁路运输在社会公益服务领域发挥着不可替代的作用。在保障人民群众基本出行权方面发挥着"公共产品"的角色。许多公益慢火车对于偏远、贫困地区群众的生产、生活,脱贫致富起着至关重要的作用。

(4)安全、准时、可靠。铁路的运行基本上不受气候条件的影响,一年四季可以不分昼夜地进行运用。可靠的安全行车设施和保证安全的规章制度,使铁路运输具有安全、准时、可靠的特点。铁路运输在抢险救灾等突发事件中的作用更是无法替代的。

铁路运输在完成客、货运输任务时,创造了巨大的经济价值。当国民经济失调而需要调整或治理整顿时,铁路运输作为国家宏观调控工具的作用会显得更加突出,如抢运煤炭、进行全国性的粮食调运等。铁路运输在促进地区经济合理布局、协调发展方面作用显著,在形成运输大通道、扶持若干跨地区的重点产业带、优化生产力布局、优化资源配置、减少重复浪费等方面,都能起到重要的促进作用。交通强国,铁路先行,铁路运输是保持国民经济长期、持续、稳定、协调发展的重要基础。铁路设备设施不仅是国防的后备力量,战时还是必要的军事设施。铁路还是实现国际交流的重要桥梁和纽带,能促进各国物资交流、经济发展和人民之间的友好往来,是经济全球化的重要依托。中国铁路是实施"一带一路"倡议的重要纽带,是不可或缺的硬件保障。

3)建设周期长,初期投资大

铁路基础设施存在建设周期长、初期投资大的问题。在铁路施工过程中,修建路基、架桥、开凿隧道及铺设轨道都需要大量的钢铁、水泥及各种设备等,还要完成大量的土石方工程。铁路机车、车辆的单体设备价值也达到了上百万元甚至上千万元。因而铁路从开始修建到投入运营的时间周期较长,初期投资也较大。铁路线路的规划与施工、铁路设备设施的研制与生产可以产生巨大的经济效益。铁路线路是国家重要的基础设施,铁路设备设施装备制造业是国民经济的重要战略性产业。

3. 铁路的行业特点

铁路运输企业是社会化大生产的典型代表,铁路运输企业点多线长、互联成网,跨越广阔的地域。为了完成运输生产任务,要求车、机、工、电、辆、信的各系统、部门、单位和工种紧密联系、协同动作。因此，我们通常将铁路表述为具有高度集中、大联动机、半军事化特征的行业，将铁路企业描述为"高、大、半"性质的企业。

1）高度集中

高度集中是由铁路的自然属性所决定的。

（1）从自然结构上看，铁路点多线长、纵横交织、连片成网，基层单位和人员流动分散，遍布全国各地，属典型的网络型产业，具有规模型、范围型经济和网络型结构的特性。这一特性决定了铁路只有保持路网功能的完整性和运输组织的统一性，实行一体化的规范运作，才能有效发挥路网的整体功能，维护正常的运输生产秩序，释放和发展运输生产力，保证有限运力资源的使用达到最高的效率和最佳的效益。

（2）从运输管理上看，在我国四通八达的铁路网上，每天有成千上万的客货列车昼夜不间断地快速运行，运输组织和日常管理极为复杂，必须实行集中统一指挥，按照科学合理的运输组织方案、列车运行图，组织全路车务、机务、工务、电务、车辆、客运等生产站段所组成的庞大、复杂的运输生产体系来完成。只有这样，才能保证铁路运输的正常有序，列车的安全运行。

（3）从社会职能上看，铁路作为国民经济的大动脉，交通运输体系的骨干，是国家重要的宏观调控工具，必须坚决贯彻落实党中央、国务院关于国民经济发展宏观调控的战略决策和部署，从全国一盘棋的大局出发，服从、服务于我国经济社会发展的总体规划。这就要求铁路职工一定要牢固树立全局观念和整体意识，顾大局、识大体、讲团结、做奉献，始终把国家和人民的利益放在第一位。按照高度集中、统一指挥的原则，坚决做到局部服从整体、小局服从大局。

2）大联动机

铁路运输企业本身由许多系统、单位和部门组成，运输生产的整个过程是由车、机、工、电、辆、后勤服务等各部门多工种协同动作、共同完成的。在这个复杂的系统中，旅客从购票、上车到下车、出站，货物从进站承运到卸车交付，列车从编组、运行到解体，都要经过很多道工序和作业过程，每一名铁路职工都是整个运输生产过程中的重要一环，肩负着保证运输安全畅通、提供良好服务的光荣使命，可谓"牵一发而动全身"。由于铁路是在广阔的空间、长距离的运行中连续进行动态作业的，特别是成功实施六次大面积提速之后，列车运行速度越来越快、载重量越来越大、车流密度越来越高，要保证这架大联动机正常运转、运输生产安全有序，就必须要求各个部分、各个环节协调一致，密切配合，互相支持。要求每一名职工、每一项作业在时间、空间和秩序上和谐统一，按照运输组织方案和列车运行图的要求，严格执行标准化作业，准确、准时地完成各自的工作。任何一个系统、部门、岗位各自为政或者稍有疏忽，都有可能造成"一处不通影响一线，一线不通影响一片"的严重后果，使这架大联动机联不起来、运转不了了，使整个铁路陷于瘫痪。因此，大联动机的特点，客观上要求铁路必须实行集中统一指挥，各系统、各部门、各工种之间，一定要联劳协作、环环相扣。

3）半军事化

我国铁路有着深厚的军队情结。"令严方可肃军威"，"严字当头，铁的纪律"，是铁路管理的一大特色，也是运输安全的重要保证。铁路正是靠严格的组织纪律，统一的意识和行动，才能做到高度集中、统一指挥，以保证大联动机的正常运转，保证安全生产。铁路的半军事化管理，更多地落实在调度指挥和行车组织等运输生产部门。铁路大联动机和全路一盘棋的特点，决定了铁路各部门必须强调高度的组织纪律性。任何一个岗位的职工不遵守纪律、各行其是，都会给运输全局带来严重影响和损失。铁路强调高度的组织纪律性，在运输生产上，体现为必须严格执行调度计划，不能以任何借口拒不执行;在作业上，体现为必须严格执行规章制度，标准化作业，"一点不差、差一点不行";在各部门配合上，体现为必须从运输全局出发，坚决服从集中统一指挥，相互支持，密切合作，不能各自为政，更不能制造障碍，影响全局利益;在上下级关系上，体现为像军队一样，服从命令，听从指挥，有令则行，有禁则止。每一名职工必须坚守岗位、恪尽职守、遵章守纪，确保铁路运输大动脉的安全畅通。

4. 铁路技术管理

铁路是国民经济的大动脉。铁路各部门、各单位必须在党的领导下，认真贯彻党的路线、方针、政策，加强管理，保证铁路畅通无阻、四通八达、安全正点、当好先行，更好地为人民服务，为国民经济服务，为国防建设服务。

铁路具有高度集中、半军事化、各个工作环节紧密联系和协同动作的特点。为使各部门、各单位、各工种安全、准确、迅速、协调地进行生产活动，更好地运作，必须实施统一的、科学的技术管理，即铁路技术管理。

铁路是国家重要的基础设施，国民经济的大动脉，交通运输体系的骨干。铁路拥有大量的技术设备和人员。他们分散在全国各地，在不同的地点和岗位上，共同为完成运输任务而发挥着各自的作用。因此，铁路各部门，尤其是铁路行车部门必须有严密的组织和分工，才能使运输生产安全、准确、迅速、协调地进行;必须有严格的规章制度和"一点不差，差一点不行"的严肃认真的工作态度，才能使每一个工种、每一个职工在自己的职责范围内完成运输生产任务。高度集中、各个工作环节紧密联系和协同动作，是铁路畅通无阻、四通八达、安全正点、当好先行的保证，也是铁路企业的特点。

铁路运输效率高、速度快、连续性强，它要求铁路各部门、各单位、各工种的工作必须高度准确。铁路行车工作一旦组织不严、配合不当，某个环节或个人在工作中违反规章制度、疏忽或失职，就有发生事故的可能。

铁路是一个大联动机，一个部门或工种的工作发生事故，必然影响到其他部门，打乱运行秩序或中断运输，后果严重。

铁路是物质生产部门，又是社会服务部门，发生事故必然造成人民财产损失或人身伤亡，给社会带来恶劣的影响。为此，必须加强铁路的技术管理，制定严密、科学的规章制度，保证各部门、各生产环节紧密配合、准确工作、质量良好地完成运输任务。

铁路技术管理涵盖铁路各部门、各单位从事运输生产时必须遵循的基本原则、责任范围、工作方法、作业程序和相互关系。可见，铁路技术管理知识与技能是铁路运营管理类工种岗位的"硬"能力。

行车工作是铁路技术管理的核心，因此铁路技术管理的核心是铁路行车技术管理。铁路行车工作的基本任务是合理使用铁路运输设备，安全、迅速、及时、准确地运输旅客和货物。它包括调车工作、接发列车工作和调度指挥工作3个方面。

铁路行车工作的方针和原则是贯彻安全生产方针，坚持集中领导、统一指挥、逐级负责的原则，发扬社会主义协作精神，组织均衡生产，挖掘运输潜力，不断提高效率。

1）贯彻安全生产方针

安全生产是我们党和国家的一贯方针，也是对铁路运输生产在质量标准上的基本要求。铁路发生事故，不仅给人民生命、财产造成损失，而且在政治上也会带来不良影响。

2）坚持集中领导、统一指挥、逐级负责的原则

行车工作具有点多、线长、面广和多工种联合作业的特点，为使行车各部门、各工种能够步调一致、协同动作，必须坚持集中领导、统一指挥、逐级负责的原则，才能把各部门组成一个统一的整体，使各个工作环节环环相扣，紧密联系，保证运输生产安全、迅速、准确、协调地进行。

铁路局（即铁路局集团公司）与铁路局间由国铁集团，局管内各区段间由铁路局，一个调度区段内由本区段列车调度员统一指挥。车站由车站值班员、线路所由线路所值班员统一指挥。凡划分车场的车站，车场间接发列车进路互有关联的行车事项，由指定的车站值班员统一指挥。列车和单机由司机负责指挥，有运转车长的列车由运转车长负责指挥。列车和单机在车站时，所有乘务人员应按车站值班员的指挥进行工作。在调度集中设备的区段内，有关行车工作由该区段列车调度员直接指挥，但转为车站控制模式时由车站值班员指挥。

3）发扬社会主义协作精神

铁路运输是国民经济中一个重要的生产部门，与国民经济的各个方面都有广泛的联系，因此必须树立全局观念和全心全意为人民服务的思想。运输、机务、车辆、工务、电务、供电、信息等部门要主动配合，紧密联系，协同动作，共同完成任务。

4）组织均衡生产，挖掘运输潜力，不断提高效率

行车有关部门，必须不断提高生产计划质量，加强调度指挥工作，提高站段工作水平，积极总结和推广先进经验，改进作业组织，充分发挥现有设备潜力，保证全面完成和超额完成运输生产任务。

任务 1.2　铁路行车规章基础认知、对行车有关人员的要求

1. 铁路技术规章制度

1）铁路技术规章制度的概念

规章制度是国家机关、社会团体、企事业单位等制定的有关行政管理、生产操作、学习和生产等方面的各种法规、章程、规范、细则和制度的总称。铁路运输生产规章制度，是铁路部门为了安全、正点、优质、高效地完成客货运输任务、组织生产活动、约束生产行为而制定的规范和准则。在企业管理中，规章制度属于技术管理范畴。正确、合理地制定规章制度，全面、有效地在生产过程中实施规章制度，是企业技术管理的主要任务。规章制度的科学性、先进性及实施中的权威性、实效性是衡量企业管理水平的重要标志。

"技术规章制度"是指国铁集团（原铁道部、中国铁路总公司）、铁路局、站段制定的涉及技术装备、行车组织、信号显示等技术管理方面的一系列规定的总称。铁路行车规章涵盖了铁路技术规章制度的核心内容，有时甚至用铁路行车规章代指整个铁路技术规章。

2）铁路技术规章制度的分类

技术规章制度分为基本规章制度、专业规章制度。

基本规章制度是铁路技术管理的核心，分 3 个层次，包括国铁集团（原铁道部、中国铁路总公司）公布的《铁路技术管理规程》（以下简称《技规》），铁路局制定的《行车组织规则》

（以下简称《行规》），车站制定的《车站行车工作细则》（以下简称《站细》）。

专业规章制度是对基本规章制度分层次、按专业进行细化的技术规定。其包括国铁集团（原铁道部、中国铁路总公司）、铁路局印发的专业技术文件和段制定的《段行车工作细则》（以下简称《段细》）等。

根据铁路技术装备和行车组织的变化，针对技术管理某一方面急需解决的突出问题，在规定时间、特定条件下，可制定临时规定。

对不在技术规章制度范围内具有标准性质的文件，应纳入相应的标准体系统一管理。

技术规章制度是铁路运输生产实践的总结，任何单位、部门、个人不得违反现行技术规章制度。

《技规》及国铁集团（原铁道部、中国铁路总公司）公布的专业规章制度组成国铁集团技术规章制度，主要反映铁路设计、施工、运营、维修的技术要求。《行规》及铁路局公布的专业技术文件组成铁路局技术规章制度，主要反映铁路局运用、施工、维修及作业的技术要求。《站细》、《段细》，以及相关管理细则、工作细则、作业程序等组成站段技术规章制度，主要反映站段技术管理工作的技术要求。

3）铁路技术规章制度的管理与分工

技术规章制度的管理实行国铁集团、铁路局、站段三级负责，按归口管理和专业负责相结合的方式，明确管理机构和职责，形成职责分明、相互协调的管理体制。

国铁集团科技管理部归口管理国铁集团技术规章制度，国铁集团各专业部门负责管理国铁集团专业规章制度。

国铁集团总工室归口管理铁路局技术规章制度，铁路局各专业部室负责管理铁路局专业规章制度。

站段技术规章制度归口管理部门由铁路局明确。

国铁集团科技管理部负责组织《技规》的制定工作，国铁集团各专业部门参与《技规》的制定，负责组织本专业规章制度的制定工作。

国铁集团总工室负责组织《技规》的贯彻落实和《行规》的制定工作。铁路局各专业部室参与《行规》的制定，负责基本规章制度及上级专业规章制度在本系统的细化、落实，组织本专业规章制度的制定工作。

铁路局车站、段归口管理部门负责基本规章制度及上级专业规章制度的细化、落实，车站应制定《站细》；段根据需要制定《段细》，制定《段细》的单位由铁路局规定。

各级归口管理部门和专业管理部门应设专人管理技术规章制度，明确管理职责与权限，保证定编、定岗。技术规章制度管理人员应熟悉有关法律、法规和规章制度，具有相应的专业理论知识和实际工作经验，并保持人员相对稳定和管理的延续性。

4）铁路技术规章制度的编制原则及要求

（1）以有关法律、法规为依据，以标准和试验验证为支撑，分系统、分层次建立并完善各项技术规章制度，形成"科学严密、统一规范、动态优化、具体可行"的制度体系。

（2）坚持从全路、全局出发，坚持安全、效率、效益统一的原则，满足合理组织运输生产、发挥设备潜能、实现最大效能、确保运输安全的需要。

（3）结合新技术、新设备大量运用的实际，从理论到实践，深入进行科学论证，确保各项规章制度经得起运营实践的检验。

（4）以基本规章制度为主干，建立覆盖各专业、各层面的专业规章制度，形成统一、规范、完备的技术规章制度体系。

在技术规章制度体系中，下级规章制度必须服从上级规章制度，同一层面专业规章制度必须服从基本规章制度，专业规章制度之间必须协调一致。

（5）应根据铁路运输生产组织的变化和运输安全工作实际，及时废止、修订、补充和完善各项技术规章制度，确保技术规章制度具有较强的时效性和指导性。新设备（包括改造后的设备）投入使用前，应制定相应的技术规章制度。

（6）技术规章制度应采用国家、国铁集团统一规定的术语、符号、计量单位，做到结构严谨、层次分明、逻辑清晰、内容简练、用语规范、简明易懂。

5）铁路技术规章制度的发文种类和制定程序

（1）技术规章制度应以"通知"形式发布，不应以决定、通报、批复、意见、函、会议纪要等公文形式发布。

国铁集团基本规章制度、专业规章制度应以国铁集团文件的形式发布。铁路局基本规章制度、专业规章制度应以铁路局文件的形式发布。

临时规定应以文件形式发布，不应以信函式公文或铁路电报形式发布。

（2）技术规章制度应使用规范的名称。对综合性、系统性的技术规章制度，称为"规程"；对某一专业系统的技术规章制度，称为"规则"或"规定"；对某一专业单项的技术规章制度，称为"办法"。临时规定一般称为"暂行规定"或"暂行办法"。

（3）基本规章制度由归口管理部门负责组织起草，专业规章制度由相应专业部门负责组织起草。与多个部门业务有关的技术规章制度，由主办部门牵头、有关部门参加起草。在技术规章制度起草过程中应进行充分的调查研究，广泛征求有关单位、部门和专家的意见，必要时进行试验验证。根据有关意见和试验验证情况，经协调、平衡、归纳，对技术规章制度进行修改。经过协商不能取得一致意见，应说明情况和理由。重要的技术规章制度还应组织技术审查。

（4）技术规章制度的审批实行责任签认制度。凡涉及技术规章制度的起草、核稿、批准等环节，从起草部门起草人开始必须层层实名签认，按管理权限严格实行行政领导签名负责制，做到分工明确，责任落实。

（5）技术规章制度的发布实行会签制度。综合、系统的技术规章制度应经相关部门会签；某一专业系统的技术规章制度应经归口部门及相关专业部门会签；某一专业具体的技术规章制度应经相关专业部门会签，其中突破基本规章制度的，还应经归口部门会签。临时规定与基本规章制度、专业规章制度的内容不符或有新增内容，应经归口部门和相关专业部门会签。

（6）基本规章制度、专业规章制度、临时规定均应抄送归口部门和有关专业部门。

（7）因技术设备和运输组织变化，下级规章制度需突破上级规章制度时，须报上级部门办理审批手续。

（8）铁路局《行规》须报国铁集团备案。

（9）技术规章制度的建立、补充、修改、废止及解释，遵循"谁制定、谁负责"的原则。因规章制度错误直接造成事故的，按《铁路交通事故调查处理规则》等有关规定处理。

对技术规章制度修订、补充的文件应以技术规章制度发布单位的名义行文。

6）铁路技术规章制度的实施与检查

（1）技术规章制度实行动态管理。制定、公布新规章制度的同时，要废止与其相抵触的或重复的规定。国铁集团、铁路局每年定期公布有效文件目录，并在铁路办公信息系统网上建立技术规章制度电子文件库。此前发布的技术规章制度，凡不在有效目录内的，按失效处理。每年应组织一次对临时规定的清理工作，对切实可行、有必要保留的内容，应及时纳入相应的基本规章制度或专业规章制度中。

（2）铁路各单位须对技术规章制度进行宣传贯彻、培训和考核，确保职工准确、熟练掌握相关内容。国铁集团技术规章制度发布后，铁路局须结合本单位实际情况及时转发，并根据需要提出具体细化要求。

（3）技术规章制度的实施要形成检查监督的长效机制和失职追究制度。加强技术规章制度的检查监督，国铁集团每年组织一次全面检查，铁路局每半年组织一次全面检查，站段每季度组织一次检查。对技术规章制度修改完善不及时、细化措施不具体、配备保管不全、贯彻执行不到位等问题认真组织清查，迅速纠正，检查结果应纳入安全评估和绩效考核体系。

（4）各业务部门、基层站段要严格履行职责，加强日常检查工作，认真做好调查研究和信息收集、汇总、处理工作，确保各项技术规章制度得到贯彻执行。

2. 铁路行车规章

1）种类

（1）《铁路技术管理规程》。《铁路技术管理规程》由国铁集团（原铁道部、中国铁路总公司）制定。其明确了铁路在基本建设、产品制造、验收交接、使用管理及保养维修方面的基本要求和标准；规定了铁路各部门、各单位从事运输生产时必须遵循的基本原则、责任范围、工作方法、作业程序和相互关系；确定了信号的显示方式和执行要求；明确了铁路工作人员的主要职责和必须具备的基本条件。

（2）《行车组织规则》。《行车组织规则》是各铁路局为实施《技规》规定的行车组织原则和办法，针对本局技术设备、运输特点和工作水平的具体条件制定的行车组织办法。其主要内容包括：《技规》规定由各铁路局自行规定的事项；《技规》未作统一规定，又不宜由站、段等基层单位自行补充规定的行车办法；根据铁路局管内特殊地段的平、纵断面情况，信号、联锁、闭塞设备和机车类型等特点，对行车应规定的特殊要求和注意事项；铁路局在生产实践中普遍推广的先进经验和行之有效的安全生产措施等。

（3）《车站行车工作细则》。《车站行车工作细则》是车站贯彻执行《技规》和《行规》，加强车站技术管理、保证安全高效地进行行车组织工作的重要技术文件。其主要内容有：车站的性质、等级和任务；车场用途及调车区划分，线路、道岔、调车设备，信号、联锁、闭塞设备，通信、照明、供电、给水设备，客、货运输设备的设置数量、使用条件和管理负责制；接发列车和调车工作组织；各项技术作业程序和时间标准，装卸时间标准，货物作业停留时间，中转停留时间标准；车站通过能力和改编能力等。

（4）作业标准。作业标准是指和直接生产活动有关的作业项目或程序，在内容、顺序、质量、时限、工具、动作、态度等方面所做的统一规定。它是对生产作业人员具有约束性的准则，其中有国家制定的国家标准，国铁集团制定的行业标准，铁路局制定的局定标准，各基层站段根据本单位具体情况制定的属于站段一级的标准。铁路行车工作常用标准有《铁路调车作业标准》《接发列车作业标准》《车机联控标准》《铁路车站行车作业人身安全标准》等。除上述规章、标准外，上级下达的与行车有关的文件、电报、规则、办法、命令等也是行车规章的重要组成部分。

2）《技规》《行规》《站细》的关系

《技规》是国铁集团（原铁道部、中国铁路总公司）依据《中华人民共和国铁路法》《铁路运输安全保护条例》等有关法律法规制定，是铁路技术管理的基本规章，适用于全国铁路。铁路其他规章和规范性文件及各部门、各单位制定的技术管理文件等，都必须符合《技规》的规定。《技规》是长期生产实践和科学研究的总结，它将随着运输生产和科学技术的不断发展，逐步充实和完善。在国铁集团没有明令修改以前，任何部门、任何单位、任何人员都不得违反《技规》的规定。铁路职工必须认真学习、严格执行《技规》的有关规定。一切违反《技规》的规章制度都必须纠正和禁止。《行规》是铁路局制定的。根据《中华人民共和国铁路法》的有关规定，铁路局是企业，所以《行规》是铁路局的企业内部规章，他只适用于本铁路局。作为企业内部规章的《行规》显然不能违反《技规》的规定。如因作业、设备等特殊原因，无法执行《技规》的有关规定，须经国铁集团批准。《站细》是由车站制定，报铁路局批准执行的。《站细》只适用于制定其的车站。《站细》不能违反《行规》的有关规定，如因作业、设备等特殊原因，无法执行《行规》的规定，须经铁路局批准。《站细》不能违反《技规》的规定，特殊原因无法执行《技规》的规定时，须上报铁路局，经国铁集团批准。行车规章之间的相互关系并不是指不同规章间有大小之分，任何行车规章，无论何部门制定，一旦实施，都必须得到严格遵守。任何违反行车规章的行为，都必须得到纠正。

3. 对行车有关人员的要求

铁路行车工作事关人民的生命和财产安全，除了严格遵守《中华人民共和国劳动法》的有关规定外，《技规》还对行车有关人员提出了特殊要求。

1）任职条件

行车有关人员，在任职、提职、改职前，必须按照铁路职业技能培训规范要求，进行拟任岗位资格性培训，并经职业技能鉴定和考试考核，取得相应职业资格证书和岗位培训合格证书后，方可任职。

在任职期间，须按照铁路职业技能培训规范等规定，定期参加岗位适应性培训和业务考试，考试不合格的，不得继续履职。

驾驶机车、动车组、自轮运转特种设备的人员，必须持有国家铁路局颁发的驾驶证。变更驾驶机（车）型前，必须经过相应的技术培训并考试合格。

实习和学习驾驶机车、动车组、自轮运转特种设备，以及操纵信号或重要机械、设备及办理行车作业的人员，必须在正式值乘、值班人员的亲自指导和负责下，方准操作。

行车有关人员，在任职前必须经过健康检查，身体条件不符合拟任岗位职务要求的，不得上岗作业。在任职期间，要定期进行身体检查，身体条件不符合任职岗位要求的，应调整工作岗位。

2）岗位要求

铁路行车有关人员必须严格遵守有关行车规章制度，在自己的职务范围内，以对国家和人民极端负责的态度，保证安全生产。

行车有关人员，接班前须充分休息，严禁饮酒，如有违反，立即停止其所承担的任务。行车有关人员在执行职务时，必须坚守岗位，穿着规定的服装，佩戴易于识别的证章或携带相应证件，讲普通话。

有关部门应加强对行车有关人员日常安全生产知识和劳动纪律的教育、考核，并有计划地组织好日常政治和技术业务学习。对遵守规章制度成绩突出者，应予表扬或奖励；对违反者，应视其违反程度和造成事故的性质、情节及后果，给予教育、纪律处分或追究法律责任。

项目 2

技 术 设 备

知识点

1. 基础设施的相关规定；
2. 移动设备的相关规定；
3. 行车安全设备的相关规定。

技能目标

1. 掌握《技规》中关于铁路线路、站场、桥梁、隧道、信号、通信、牵引供电、电力、给水等设施的一般要求；
2. 掌握《技规》中关于机车、车辆、动车组、自轮运转特种设备等的一般要求；
3. 掌握《技规》中关于救援、灾害防护、行车安全监测设备等的基本要求。

任务 2.1 基础设施的相关规定

1. 线路、桥梁及隧道的一般要求

（1）为了保证线路、桥隧、路基等设备质量，应设工务段等工务维修机构。工务段管辖正线长度，应根据单线或双线、平原或山区等条件确定。在工务段管辖范围内有枢纽或编组站时，应适当减少正线管辖长度。铁路局根据需要和条件，设供铁路专用的采石场和林场。

（2）工务维修机构应有机具检修、配件修理、辅助加工等设施，动力、机修、起重、试验等设备，以及轨道车和汽车等运输工具；根据养护维修需要还应有大型养路机械、工务专用机械设备、移动检测设备，以及检修、焊轨基地等。

2. 站场设备的一般要求

车站根据业务性质、运量大小及技术作业的需要，设置下列主要设备：

（1）到发线；

（2）调车线；

（3）牵出线；

（4）机车运转整备线、车辆站修线及救援列车停留线、自轮运转特种设备停留线等；

（5）办理货物装卸作业的车站，应有货物装卸线，并根据需要设置高架货物线、换装线、轨道衡线、货车洗刷线、油罐列车整备线、机械冷藏车加油线及特殊危险货物车辆停留线；

（6）机务段所在地车站，应设有机车出入段专用的机车走行线和机待线；

（7）与动车组运用所（简称动车所）、动车段相连接的车站，应设动车组走行线（当设有专用的机车走行线并具有相同进路时，可以合设）；

（8）动车组长期停放的车站应设动车组存车线；

（9）通信、信号、联锁、闭塞设备；

（10）编组站、区段站应根据作业需要，修建简易驼峰、半自动化驼峰或自动化驼峰，设置车辆减速器、减速顶、加速顶等调速设备；

（11）根据接发列车、调车作业的需要设置隔开设备等安全设施；

（12）调车作业繁忙的车站，应设置站场扩音设备、站场无线通信设备、货运票据和调车作业通知单传递（输）装置，车场内线路间、牵出线和推峰线调车人员经常走行区域应填平（不得高于道床），并设有排水和高架照明设备，车场间应有硬路面的通道；

（13）列车预确报、现在车管理等信息系统设备；

（14）无线调车灯显设备、无线调车机车信号和监控系统（STP）；

（15）货物列车尾部安全防护装置（简称货物列车列尾装置）主机的维修、检测设备等；

（16）编组站、区段站和开行动车组列车的客货共线线路入口车站应设超偏载检测装置、轨道衡、超限检测仪、货车装载视频监控设备等货运安全检测设备；

（17）机车乘务组、动车组司机及随车机械师、客运乘务组进行中途换乘作业的车站，应配备值班室、休息室和必要的配套设施；

（18）有货物列车列检作业的编组站到发线间地面应具备方便作业条件。

旅客列车始发终到站、客运枢纽站和上水站，应在到发线间设置列车上水设施和节水装置。根据需要在始发终到站及客运枢纽站设置动车组、客车地面排污设施和移动卸污设备。地面排污设施应防止泄漏和污染，排污能力满足动车组、客车停留时间的要求。

3. 信号、通信设备的一般要求

（1）为保证信号、通信设备的质量，应设电务段、通信段等电务维修机构。

电务段、通信段管辖范围应根据信号、通信设备等条件确定。

（2）电务维修机构应具备设备检修、修配、测试场所，配置相应的仪器仪表、工装机具以及交通工具、应急通信设备等。在动车组、机车和轨道车的检修地点应设列控车载设备、机车信号、列车运行监控装置（LKJ）、轨道车运行控制设备（GYK）及车载无线通信设备等的检修与测试场所。设有车辆减速器的驼峰调车场应设驼峰机械修配场所。铁路电务设备维护工作应按设备技术状态进行维修，并按周期进行中修和大修。电务车载设备结合动车组、机车和轨道车各级检修修程，同步进行检修。

（3）对设有加锁加封的信号设备，应加锁加封，必要时可设置计数器，使用人员应负责其完整。对加封设备启封使用或对设有计数器的设备每计数一次时，使用人员均须在《行车设备检查登记簿》内登记，写明启封或计数原因。加封设备启封使用后，应及时通知信号部门加封。

使用计算机技术控制的信号设备实现加锁加封功能时，应使用密码方式操作。

（4）集中联锁车站和自动闭塞区段应装设信号集中监测系统，对信号设备运用状态进行实时监测，实现故障及超限告警。

（5）信号、通信设备及机房，应采取综合防雷措施，设置机房专用空调。信号及通信设备，应装有防止强电及雷电危害的浪涌保护器等保安设备，电子设备应符合电磁兼容有关规定。

（6）机车信号设备、列车运行监控装置（LKJ）、轨道车运行控制设备（GYK）和车载无线通信设备等的电源，均应取自车上直流控制电源系统，直流输出电压为 110 V 时，电压波动允许范围为−20%～+5%。

4. 牵引供电、电力、给水设备的一般要求

1）牵引供电设备的一般要求

（1）为保持牵引供电设备良好的技术状态，保证牵引供电系统安全运行，应设供电段等供电维修机构。供电维修机构管辖范围应根据线路及供电设备条件确定。牵引供电设备包括变电设备（变电所、开闭所、分区所、自耦变压器所）、接触网和远动系统。

（2）牵引供电设备应保证不间断行车的可靠供电。牵引供电能力应与线路的运输能力相适应，满足规定的列车重量、列车密度和运行速度的要求。接触网标称电压值为 25 kV，最高工作电压为 27.5 kV，短时（5 min）最高工作电压为 29 kV，最低工作电压为 19 kV。

牵引变电所须具备双电源、双回路受电。牵引变压器采用固定备用方式并具备自动投切功能。当一个牵引变电所停电时，相邻的牵引变电所能越区供电。运行期间平均功率因数不低于 0.9。

（3）牵引供电调度系统应具备对牵引供电设备状况进行远程实时监控的条件，并纳入调度系统集中统一管理。

（4）接触网的分段、分相设置应考虑检修停电方便和缩小故障停电范围，并充分考虑电力牵引的列车、动车组正常运行和调车作业的需要。分相的位置应避免设在进出站和变坡点区段。双线电气化区段应具备反方向行车条件。

负荷开关和电动隔离开关应纳入远动控制。

枢纽及较大区段站应设开闭所。

确需由车站接触网引接小容量非牵引负荷时，须经铁路局批准。

（5）牵引供电设备检修、试验和抢修应配备牵引供电安全检测监测系统，变电检测、试验设备，接触网检修、检测设备，接触网抢修车列，绝缘子冲洗设备等设备、设施。

（6）接触网一般采用链型悬挂方式，接触网最小张力见表 2-1。接触线一般采用铜合金材质。

表 2-1　接触网最小张力

列车运行速度（km/h）	综合张力（kN）	接触线张力（kN）
$v \leqslant 120$	25	10
$120 < v \leqslant 160$	28	13
$160 < v \leqslant 200$	30	15

（7）接触线距钢轨顶面的高度不超过 6 500 mm；在区间和中间站，不小于 5 700 mm（旧线改造不小于 5 330 mm）；在编组站、区段站和个别较大的中间站站场，不小于 6 200 mm；站场和区间宜取一致；双层集装箱运输的线路，不小于 6 330 mm。

在电气化铁路竣工时，由施工单位在接触网支柱内缘或隧道边墙标出线路的轨面标准线，开通前供电、工务单位要共同复查确认，有砟轨道每年复测一次，复测结果与原轨面标准线误差不得大于±30 mm。特殊情况需调整轨面标准线时，由供电、工务部门共同确认，并经铁路局批准。

（8）接触网带电部分至固定接地物的距离，不小于 300 mm；至机车车辆或装载货物的距离，不小于 350 mm。跨越电气化铁路的各种建（构）筑物与带电部分最小距离，不小于 500 mm。当海拔超过 1 000 m 时，上述数值应按规定相应增加。大风、严寒地区应预留风力、覆冰对绝缘距离影响的安全余量。

在接触网支柱及距接触网带电部分 5 000 mm 范围内的金属结构物须接地。天桥及跨线桥跨越接触网的地方，应按规定设置安全栅网。

有大型养路机械作业的路基地段，接触网支柱内侧距线路中心距离不小于 3 100 mm。

（9）架空电线路跨越接触网时，应符合表 2-2 和表 2-3 的规定。

表 2-2　跨越接触网的架空电线路与接触网的垂直距离

跨越接触网的电力线路电压等级（kV）	电力线至接触网的垂直距离（mm）
35 及以上至 110	≥3 000
220	≥4 000
330	≥5 000
500	≥6 000

表 2-3　跨越接触网的超高压架空电线路距轨面最小垂直距离

跨越接触网的电力线路电压等级（kV）	距轨面最小垂直距离（mm）
750	21 500
1 000	27 000（单回）
	25 000（双回）
直流±800	21 500

35 kV 以下的电线路（包括通信线路、广播电视线路等）不得跨越接触网，应由地下穿过铁路。

接触网支柱不应附挂通信、有线电视等非供电线路设施，特殊情况需附挂时，应经铁路局批准。

（10）为保证人身安全，除专业人员执行有关规定外，其他人员（包括所携带的物件）与牵引供电设备带电部分的距离，不得小于 2 000 mm。

在设有接触网的线路上，严禁攀登车顶及在车辆装载的货物之上作业；如确需作业时，须在指定的线路上，将接触网停电接地并采取安全防护措施后，方准进行。

双线电气化铁路实行 V 形天窗作业时，为确保人身安全，应在设备、机具、照明、作业组织等方面采取相应措施。

（11）牵引、电力变配电所控制室，应采取防雷措施，设置机房专用空调。控制、保护及通信设备，应装有防止强电及雷电危害的浪涌保护器等保安设备，电子设备应符合电磁兼容有关规定。

2）电力、给水设备的一般要求

（1）电力设备包括变电所、配电所、自闭贯通电线路、箱式变电站等。

电力设备应具备：贯通线路由两端变、配电所供电的互供条件，变、配电所跨所供电的条件，远程监控条件，电气试验设备，快速抢修能力。

电力变、配电所的控制保护测量设备，应纳入远动系统调度管理；箱式变电站应设置远动终端，纳入远动系统。

10 kV 及以上电力线路不允许附挂通信、有线电视等非供电线路设施。

铁路各车站及设有人员看守的道口都应有可靠的电力供应，沿线车站原则上通过电力贯通线供电。根据需要，铁路应自备发电所或发电机组。自动闭塞信号应由单独架设的自闭电线路供电。

（2）铁路供电设备应满足下列要求：

① 一级负荷应有两个独立电源，保证不间断供电；二级负荷应有可靠的专用电源。

② 受电电压根据用电容量、可靠性和输电距离，可采用 110 kV、35（63）kV、10 kV 或 380 V/220 V。

③ 用户受电端供电电压允许偏差：

a）35 kV 及以上高压供电线路，电压正负偏差的绝对值之和不超过额定值的 10%；

b）10 kV 及以下三相供电线路，为额定值的±7%；

c）220 V 单相供电线路，为额定值的 +7%～−10%；

d）自动闭塞信号变压器二次端子，为额定值的±10%。

在电力系统非正常情况下，用户受电端的电压值允许偏差为额定值的±10%。

（3）35 kV 及以上铁路电力线路的杆塔内缘至铁路线路中心的水平距离不小于杆高加 3 100 mm。35 kV 以下铁路电力线路的杆塔内缘至铁路线路中心的水平距离不小于 3 100 mm。

邻近铁路线路的路外电力线路杆塔内缘至铁路线路中心的最小水平距离应满足国家、行业相关标准规定，并采取防护措施防止杆塔倾倒后侵入铁路建筑限界。

电力线路导线至钢轨顶面的垂直距离，应根据规划考虑发展电气化的需要。

（4）给水设备及建（构）筑物，应包括水源、输水、扬水、净水、消毒、配水、管网、水源卫生防护、水源安全保护、节水等设备。为保证供水质量，应按需要配备制水在线连续监控、水质检验和管网检漏等设备。

给水设备的能力及水源，在任何季节应保证列车密度最大时的车辆供水和车站及其他重要用水。客车上水设备应能满足在列车站停时间内、客车最大交会时同时上满水的需要。根据需要可设自动给水设备。

输水管路一般设置一条，管网布置一般为枝状。铁路枢纽、旅客列车给水站，扬水管路一般设置两条，配水管环状布设。

给水管道应尽量避免穿越铁路线路，必须穿越时，应设防护涵洞。

（5）旅客列车及生产生活用水，须进行净化消毒处理；固定动力锅炉用水应进行炉外或炉内软水处理。给水站须进行定期水质检测。水质须达到国家规定的标准。

任务 2.2　移动设备的相关规定

1. 机车的一般要求

1）机车设备

（1）为保证机车良好的技术状态，应有进行检修和整备作业的机务段、机车检修段等机务维修机构。

机务段宜设置在客、货列车始发终到较多，车流大量集散的枢纽地区，有利于机车的集中配置使用。段内停放机车和整备作业的线路应平直，线路纵断面的坡度不得超过 1‰。

（2）机务段、机车检修段根据承担机车运用、整备、检修的范围配备必要的机车运用、整备、检查、检测、修理设备和设施。

机车整备根据需要应有股道管理自动化系统和整备库（棚）、检测棚、整备线检查坑和作业平台等设施，设置机车补充砂、水、润滑油、燃料及转向、检查、检测、清洗、保养、卸污、化验等机车整备设备；配备机车检修必要的设备、设施；电力机车整备线的接触网应有分段绝缘器、隔离开关设备及联锁标志灯等。

机车检查、检测、修理根据需要应有机车检修库和配件修理、辅助加工、动力、起重、运输、检测、试验、存储等厂房及设备，应设置行车安全设备检测、维修的设备和设施。

配属、支配使用内燃机车的机务段根据运用整备需要还应有 1～2 个月的机车燃料储存油库。

（3）机车车辆轮渡应有船舶、栈桥、墩架、船舶整备和检修等设备，并应经常保持良好状态。轮渡船舶应按国家规定进行检验和检修。

2）机车

（1）机车按牵引动力方式分为电力机车、内燃机车，传动方式主要有交流传动和直流传动。

（2）机车应有识别的标记：路徽、配属局段简称、车型、车号、最高运行速度、制造厂名及日期。在机车主要部件上应有铭牌，在监督器上应有检验标记。电气化区段运行的机车应有"电化区段严禁攀登"的标识。内燃机车燃料箱上应标明燃料油装载量。

机车须配备机车信号、列车运行安全监控系统（LKJ、机车安全信息综合监测装置 TAX 箱、机车语音记录装置、列车运行状态信息系统车载设备、机车车号识别设备）、车载无线通信设备、机车列尾控制设备等。机车应逐步配备机车车载安全防护系统、机车限鸣示警系统及空气防滑装置等。机车应向车辆的空气制动装置提供风源，具有双管供风装置的机车应向车辆空气弹簧等其他用风装置提供风源；具有直供电设备的机车应向车辆提供电源。

电力机车还应配备自动过分相装置，并根据需要装设弓网检测装置等。

根据需要机车还可配备车内通信、空调、卫生及供氧等设备。

（3）机车实行计划预防修，逐步推行基于大数据技术的预见性维修，开展机车主要部件的故障预测和健康管理，实施主要零部件的专业化、集约化、规模化、集中检修。

检修周期应根据机车实际技术状态和走行公里或使用时间确定，机车检修周期及技术标准按铁路总公司机车检修规程执行。

（4）机车实行年度鉴定。

（5）机车乘务制度分为包乘制和轮乘制。机车乘务制度由铁路局确定。

（6）牵引列车的机车在出段前，必须达到运用状态，主要部件和设备必须作用良好，符合铁路总公司有关机车运用、维修的规定，并符合下列要求。

① 车钩中心水平线距钢轨顶面高度为 815～890 mm。

② 轮对：

a）轮对内侧距离为 1 353 mm，允许偏差为±3 mm；

b）轮箍或轮毂不松弛；

c）轮箍、轮毂、辐板（辐条）、轮辋无裂纹；

d）轮缘的垂直磨耗高度不超过 18 mm，并无碾堆；

e）车轮踏面擦伤深度不超过 0.7 mm；

f）车轮踏面上的缺陷或剥离长度不超过 40 mm，深度不超过 1 mm；

g）轮缘厚度在距踏面基线向上 H 距离处测量应符合表 2–4 的规定（轮缘原设计厚度在 25 mm 及以下，由铁路局规定）；

表 2–4　机车轮缘厚限度

序号	车轮踏面类型	测量点与踏面基线之间距离 H（mm）	轮缘厚限度（mm）
1	JM2、JM3	10	34～23
2	JM	12	33～23

h）车轮踏面磨耗深度不超过 7 mm；采用轮缘高度为 25 mm 磨耗型踏面时，磨耗深度不超过 10 mm。

（7）机务段对入段机车按规定进行整备、检测、维修。机车信号、列车运行监控装置（LKJ）、车载无线通信设备、机车列尾控制设备等须由相关专业维修机构进行检测，并及时互通信息。

各相关单位应对机车车载安全防护系统等行车安全设备记录的运行信息进行转储、分析。

2. 车辆设备的一般要求

1）车辆设备

（1）为了保证车辆良好的技术状态，应有进行检修和整备作业的车辆段等车辆维修机构。

（2）车辆段应设在编组站、国境站和枢纽，以及货车大量集散和始发终到旅客列车较多的地区。

车辆段应有车辆修理库、油漆库、配件检修库、预修库、车辆停留线和轮对存放库，并按车辆检修作业要求配备相应的起重、动力、配件检修、储油、压力容器、试验、化验、探伤、照明及废油、污水和污物处理等设备和设施，以及检测、维修车辆运行安全监测系统、轴温报警、客车尾部安全防护装置和车辆信息化系统、车辆集中空调及管道清洗消毒等设备和设施。段内的车辆检修、整备、停留的线路应平直，线路纵断面的坡度不得超过 1‰。

（3）客车技术整备场所须有车辆停留线、整备库、临修库、材料配件库，并有相应的检修地沟、地面电源、污水和污物处理、车顶作业等满足检修要求的设备和设施，根据需要还须有带动力电源的空调检修库、轮对镟修、暖气预热等设备和设施。设置电动脱轨器、微机控制列车制动机试验设备和客车尾部安全防护装置检测设施。

车辆技术检查作业场所须设有值班室、待检室、待班室、材料配件库及站场对讲、广播、地面试风系统、集控联锁安全防护装置，客列检作业场所还须设置列车预确报、现在车管理等信息系统设备终端。有货车技术检查作业的车站或枢纽应设站修场所。

站修场所须有修车库、材料配件库、轮对存放库，并有满足车辆检修作业要求的设备及风管路、水管路、电焊回路、照明等设施；根据需要还应有轮对镟修设备。

配备车辆运行安全监测系统的线路按规定设置探测站。铁路总公司设全路车辆运行安全监管中心，铁路局设车辆运行安全中心监测站和行调复示终端，车辆段设车辆运行安全管理工作站，货车技术作业场所设车辆运行安全中心复示站，根据需要设置动态检车室。

（4）翻车机、散装货物解冻库应进行定期检修和测试。新设、大修及重大技术改造的翻车机、散装货物解冻库应符合规定的技术条件，并经检测合格后方可投入使用。其他装卸设备应满足爱护铁路车辆的有关要求。

（5）车辆段、客车技术整备场所根据需要设置固定或移动卸污设备。

2）车辆

（1）车辆按用途分为客车、货车及特种用途车（如试验车、发电车、轨道检查车、检衡车等）。

（2）车辆应有识别的标记：路徽、车型、车号、制造厂名及日期、定期修理的日期及处所、自重、载重、容积、换长等；车辆应有车号自动识别标签；客车及固定配属的货车上应有所属局段的简称；客车还应有车种、定员、最高运行速度标记；罐车还应有容量计表标记；电气化区段运行的客车、机械冷藏车等应有"电化区段严禁攀登"的标识。

（3）车辆实行计划预防修，并逐步扩大实施状态修、换件修和主要零部件的专业化集中修。

检修周期及技术标准，按铁路总公司车辆检修规程执行。

（4）机械冷藏车在铁路总公司指定的加油站及有上水设备的车站进行补油、上水，固定配属的成组专列油罐列车须定期施行整备维修。

（5）车辆须装有自动制动机和人力制动机。车辆的制动梁、下拉杆、交叉杆、横向控制杆及抗侧滚扭杆必须有保安装置。

客车应装有轴温报警装置，安装客车行车安全监测系统；最高运行速度 120 km/h 及以上的客车应装有盘形制动装置和防滑器，空气制动系统用风应与空气弹簧和集便装置等其他装置用风分离；最高运行速度 160 km/h 及以上的客车应采用密接式车钩和电空制动机。

客车内应有紧急制动阀及压力表，并均应保持作用良好，按规定时间进行检查、校对并施封。

货车应装有空重车自动调整装置，轴重 23 t 及以上的货车应装有脱轨自动制动装置。

（6）车辆轮对在装配前，应对车轴各部位进行探伤检查。检修时，按规定对轴颈、防尘板座、轮座、制动盘座及轴身进行探伤检查。最高运行速度超过 120 km/h 客车的轮对装车前，应进行动平衡试验。

（7）车辆轮对的内侧距离为 1 353 mm，其允许偏差为±3 mm，120 km/h＜v≤160 km/h 客车其允许偏差为±2 mm。车辆轮辋宽度小于 135 mm 的，按铁路总公司车辆检修规程执行。

（8）旅客列车和机械冷藏车组应实行包乘制，检修应实行包修制和专修制；固定装卸地点循环使用的特快货物班列、快速货物班列、整列集装箱车、罐车、矿石车、煤炭运输车，以及需实行固定配属的专用货车，实行固定配属制；其他货车实行按区段维修保养负责制。

3. 动车组设备的一般要求

1）动车组设备

（1）为保证动车组良好的技术状态，应有进行检修和整备作业的动车段、动车所等维修机构。

（2）动车段、动车所应具备动车组运用检修、行车安全设备检修、客运整备能力及相应的存车条件；承担动车组三、四、五级修程的动车段还应具备动车组相应修程的检修能力。

动车段、动车所应设有动车组管理信息系统。

（3）动车所应设置存车线、检查库、轨道桥、立体作业平台、临修库、洗车线、备件存放库、轮对故障动态检测棚、空压机室等设施，配备对转向架、车下设备、车上以及车顶设备进行检查、维护、更换、检修和清洗等作业的相应设备，满足动车组一、二级检修需求。

（4）动车段可根据需要设置检修库线、材料运输线、试验线、牵出线、解编线等线路，整车检修库、转向架检修库、车体检修库、油漆库、调试整备库、电机电器间、制动空压机间、空调检修间、备件立体存储库等设施；并应配备整列架车机、移动式接触网、大部件起重运输设备、电务车载设备，以及各类部件解体、清洁、测试、检修、组装、调试等设备，满足动车组相应级别检修需求。

2）动车组

（1）动车组应有识别的标记：路徽、配属局段简称、车型、车号、定员、自重、载重、全长、最高运行速度、制造厂名和日期、定期修理日期、修程和处所。动车组应有"电化区段严禁攀登"的标识。

动车组应具有列车运行安全监控功能，对重要的运行部件和功能系统进行实时监测、报警和记录，并能及时向动车段、动车所传输。

动车组须配备机车综合无线通信设备（CIR）、列控车载设备、车载自动过电分相装置等，满足相应速度等级运行需要。

（2）动车组重联或长编组时，工作受电弓间距为200～215 m。在特殊情况下，工作受电弓间距不满足200～215 m时，须校核分相布置及工作受电弓间距匹配情况，并通过上线运行试验确认。

（3）动车组实行以走行公里周期为主、时间周期为辅的计划预防修，检修方式以换件修为主，主要零部件采用专业化集中修。动车组修程分为一、二、三、四、五级，检修周期及技术标准按铁路总公司动车组检修规程执行。

（4）动车组日常运用的上水、保洁、排污等整备作业一般应在动车所完成。不在动车所停留的动车组，需进行上水、保洁、排污等整备作业时，其停留地点根据需要应具备相应的条件。

4. 自轮运转特种设备的一般要求

（1）自轮运转特种设备是在铁路营业线上运行的铁路轨道车、救援起重机及铁路施工、维修专用车辆（包括架桥机、铺轨机、接触网作业车、大型养路机械等）。

（2）自轮运转特种设备须符合国家和铁道行业有关标准。轨道车等自轮运转特种设备按列车运行时，轨道车运行控制设备、列车无线调度通信设备应作用良好，运行状态下应满足机车车辆限界的规定。

（3）自轮运转特种设备的设计、制造、审查、监造、验收、试验、运用、检修及过轨技术检查，按有关规定执行。

任务 2.3　行车安全设备的相关规定

1. 救援设备的基本要求

在铁路总公司指定地点设事故救援列车、电线路修复车、接触网抢修车，配备应急通信设备，并处于整备待发状态，其工具备品应保持齐全整洁，作用良好。

根据运输生产需要，铁路局应在无救援列车的编组站、区段站和二等以上车站成立事故救援队，配备简易起复设备和工具。

铁路总公司、铁路局应急救援指挥中心应建设应急平台，配备相应的应急指挥设施和通信等设备，确保事故现场的图像、话音及数据在规定的时限内传送至应急救援指挥中心。

机车、自轮运转特种设备上均应备有复轨器和铁鞋（止轮器）。

动车组应配备止轮器（铁鞋）、紧急用渡板、应急梯、过渡车钩和专用风管。

救援列车停留线，原则上应设在两端接通、便于救援列车出动的段管线（站线）上。救援列车基地应配备生产、生活、培训设施设备。

2. 灾害防护设备的基本要求

（1）铁路局应根据历年降雨、洪水规律和当年的气候趋势预测，发布防洪命令，制定防洪预案，汛期前进行防洪检查处理，组织有关部门对沿线危树、危石进行检查，完成防洪工程和预抢工程，储备足够的抢险料具及机具，组织抢修队伍并进行演练，依靠当地政府建立群众性的防洪组织。加强雨中和雨后的检查，严格执行汛期安全行车措施，强化降雨量和洪水位警戒制度、防洪重点处所监护制度。对于可能危及行车安全的地点，有条件时可安装自动报警装置。对水流量大、河床不稳定的桥梁，要设置必要的监测仪器，建立观测制度，掌握桥梁水文及河床变化情况，及时采取预防和整治措施。汛前，须将防洪重点处所抄送相邻相关铁路局。

一旦发生灾害，积极组织抢修，尽快修复，争取不中断行车或减少中断行车时间。设备修复后，须达到规定标准。

加强对电子电气设备的雷电防护及电磁兼容防护工作，逐步建立雷电预警系统，减少或防止雷电等自然灾害对设备的影响。

（2）对防寒工作，应提前做好准备。铁路局要抓好以下工作：

① 对有关人员进行防寒过冬培训，并按规定做好防寒劳动防护用品的配备和发放工作；

② 对铁路技术设备进行防寒过冬检查、整修，并根据需要做好包扎管路等工作；

③ 做好易冻设备、物资的防冻解冻工作；

④ 储备足够的防寒过冬材料、燃料和工具，检修好除冰雪机具和防雪设备，组织好除冰雪队伍。

（3）在需要进行防暑工作的调度室、行车人员值班室、较大车站的生产车间、作业人员间休室等重要生产房屋，应设有降温设备。露天作业场所根据需要设置凉棚。

在炎热季节应有足够的防暑用品和药物，并应有供职工饮用的清凉饮料。

在暑季前，应对防暑降温设备进行检查、整修。

（4）有旅客或工作人员的机车车辆内，均须备有灭火器。客车内的燃煤锅炉、茶炉，餐车低压锅炉、炉灶须有防火措施。餐车低压锅炉还须有防爆措施。

机车车辆停车及检修库、油脂库、洗罐所、通信信号机械室、计算机机房、牵引变电所控制室及为客货运服务的建（构）筑物等主要处所，均须备有完好的消防专用器具。

有关单位应建立和健全消防组织，定期进行检查。

3. 行车安全监测设备的基本要求

（1）铁路行车安全监测设备是保障铁路运输安全的重要技术设备，应具备监测、记录、报警、存取功能，保持其作用良好、准确可靠，并定期进行计量校准。

铁路行车安全监测设备主要包括：

① 机车车辆的车载监测设备；

② 机车车辆的地面监测设备；

③ 轨道、通信、信号、牵引供电、电力等固定设备的移动检测设备；

④ 线路、桥梁、隧道、通信、信号、牵引供电、电力等固定设备的在线自动监测设备；

⑤ 车站行车作业监控设备；

⑥ 自然灾害综合监测预警设备；

⑦ 列车安全防护预警系统、道口及施工防护设备。

（2）铁路行车安全监测设备应实现信息共享，为运输组织、行车指挥、设备检修、救援及事故分析等提供信息。

项目 3

编组列车

知识点

1. 编组列车的一般要求；
2. 列车中车辆的编挂及列尾装置的摘挂；
3. 列车中机车编挂；
4. 机车车辆重量及长度；
5. 列车制动限速及其编组要求；
6. 列车中车辆的连挂、检查及修理。

技能目标

1. 了解列车编组的一般要求；
2. 掌握列车中车辆的编挂、机车车辆的重量及长度、列尾装置的摘挂及运用规定；
3. 掌握列车中机车编挂规定；
4. 熟悉机车车辆重量及长度的规定；
5. 了解列车制动限速及其编组要求；
6. 了解列车中车辆的连挂、检查及修理规定。

任务 3.1 编组列车的一般要求

（1）列车应按本规程、列车编组计划和列车运行图规定的编挂条件、车组、重量或长度编组。

列车重量应根据机车牵引力、区段内线路状况及其设备条件确定。编组超重列车时，编组站、区段站应商得机务段调度员同意，在中间站应得到司机的同意，并均须经列车调度员准许。

列车长度应根据运行区段内各站到发线的有效长，并须预留 30 m 的附加制动距离确定。超长列车运行办法，由铁路局规定。

动车组以外的旅客列车按列车编组表编组，机车后第一位编挂一辆未搭乘旅客的车辆作为隔离车。行李车、邮政车、发电车等非乘坐旅客的车辆应分别挂于机车后第一位和列车尾部，起隔离作用；在装设集中联锁的区段，并设有列车运行监控装置时，旅客列车可不挂隔离车。如隔离车在途中发生故障摘下时，可无隔离车继续运行。局管内旅客列车经铁路局长批准，可不隔离。

军用列车的编组，按有关规定办理。

（2）动车组为固定编组。单组动车组运用状态下不得解编，两组短编组同型动车组可重联运行。救援等特殊情况下，两组不同型号的动车组可重联运行。

动车组禁止加挂各型机车车辆（无动力调车时的调车机、救援机车、无动力回送时的本务机车及回送过渡车除外）；动车组禁止编入其他列车。

超过检修期限的动车组禁止上线运行（经车辆部门鉴定的回送动车组除外）。

（3）下列机车车辆禁止编入列车：

① 插有扣修、倒装色票的及车体倾斜超过规定限度的；

② 曾经发生冲突、脱轨、火灾、爆炸或曾编入发生特别重大、重大、较大事故列车内以及在自然灾害中损坏，未经检查确认可以运行的；

③ 装载货物超出机车车辆限界，无挂运命令的；

④ 装载跨装货物（跨及两平车的汽车除外）的平车，无跨装特殊装置的；

⑤ 平车及敞车装载货物违反装载和加固技术条件的；

⑥ 未关闭侧开门、底开门以及平车未关闭端、侧板的（有特殊规定者除外）；

⑦ 由于装载的货物需停止自动制动机的作用，而未停止的；

⑧ 企业自备机车、车辆、自轮运转特种设备和城市轨道车辆、进出口机车车辆过轨时，未经铁路机车车辆人员检查确认的；

⑨ 缺少车门的（检修回送车除外）；

⑩ 超过定期检修期限的客车车辆（经车辆部门鉴定的回送客车除外）禁止编入旅客列车。

任务 3.2　列车中车辆的编挂及列尾装置的摘挂规定

1. 列车中车辆的编挂规定

（1）装载危险、易燃等货物的车辆编入列车的隔离限制，按《铁路车辆编组隔离表》（附件 10）执行。编挂超限货物车辆或特种车辆时，按国家及铁路总公司规定或临时指示办理。

（2）旅客列车、回送客车底不准编挂货车，编入的客车车辆最高运行速度等级必须符合该列车规定的速度要求。

旅客列车中，与机车相连接的客车端门及编挂在列车尾部的客车后端门须加锁。动车组列车驾驶室与旅客乘坐席间的门须锁闭。

（3）客车编入货物列车回送时，客车编挂辆数不得超过 20 辆，应挂于列车中部或后部。

装有密接式车钩的客车原则上应附挂旅客列车回送。需附挂货物列车回送时，不得超过 10 辆，其后编挂的其他车辆不得超过 1 辆。

客车与平车、平集共用车以外的货车连挂时，不得与货车有人力制动机端连挂；客车与平车、平集共用车人力制动端连挂时，平车、平集共用车的人力制动机不得使用，处于非工作状态。

机械冷藏车组应尽量挂于货物列车中部或后部。

军用及其他对编挂位置有特殊要求的客车按有关规定办理。

2. 列尾装置的摘挂及运用规定

（1）动车组以外的旅客列车应安装列尾装置。特殊情况下，无法安装或使用列尾装置时，应制定具体办法。

半自动闭塞区段货物列车尾部须挂列尾装置，其他区段货物列车尾部宜挂列尾装置。货物列车尾部未挂列尾装置时应以吊起尾部车辆软管代替尾部标志。尾部车辆软管的吊起，有列检作业的列车由列检人员负责，无列检作业的列车由车务人员负责。

（2）旅客列车列尾装置尾部主机的安装与摘解、风管及电源的连结与摘解，由车辆部门负责。

货物列车列尾装置尾部主机的安装与摘解，由车务人员负责。软管连结，有列检作业的列车，由列检人员负责；无列检作业的列车，由车务人员负责。特殊情况，由铁路局规定。

（3）列尾装置在使用前，必须按规定进行检测，合格后方可投入运用。

任务 3.3 列车中机车编挂的规定

（1）工作机车应挂于列车头部，正向运行（牵引小运转、路用、救援列车的机车除外）；无转向设备的，可逆向运行。

双机或多机牵引时，本务机车的职务由第一位机车担当。

补机原则上应挂于本务机车的前位或次位，在特殊区段或需途中返回时，经铁路局批准，可挂于列车后部，如后部补机不接软管时，由铁路局规定保证安全办法。

（2）铁路局所属的内燃机车回送时，原则上采用有动力方式；电力机车跨交路区段回送时，原则上采用无动力方式。回送机车在交路区段外单机运行时，应派带道人员添乘。

铁路局所属的机车附挂回送时，原则上附挂货物列车；走行部和制动装置良好的客运机车（出入厂、段的修程机车除外）需附挂旅客列车跨铁路局回送时，按铁路总公司调度命令办理。

回送机车，应挂于本务机车次位，挂有重联机车时为重联机车次位。20‰及以上坡道的区段，禁止办理机车专列回送。

回送铁路救援起重机，应挂于列车后部。铁路救援起重机回送限制速度表见表3-1，表3-1以外的按设计文件要求速度回送。

表 3-1 铁路救援起重机回送限制速度表

型　　号	名　　称	回送速度（km/h）
NS2000	200 t 伸缩臂式铁路救援起重机	120
	吊臂平车	120
NS1600	160 t 伸缩臂式铁路救援起重机（1 680 t·m）	120
	吊臂平车	120
NS1600	160 t 伸缩臂式铁路救援起重机（1 600 t·m）	120
	吊臂平车	120
NS1601	160 t 伸缩臂式铁路救援起重机	120
	吊臂平车	120
NS1602	160 t 伸缩臂式铁路救援起重机	120
	吊臂平车	120

续表

型　号	名　称	回送速度（km/h）
N1601	160 t 固定臂式铁路救援起重机	85
	吊臂平车	85
N1602	160 t 固定臂式铁路救援起重机	85
	吊臂平车	85
NS1601G	160 t 伸缩臂式铁路救援起重机	120
	吊臂平车	120
NS1602G	160 t 伸缩臂式铁路救援起重机	120
	吊臂平车	120
NS1251	125 t 伸缩臂式铁路救援起重机	120
	吊臂平车	120
NS1252	125 t 伸缩臂式铁路救援起重机	120
	吊臂平车	120
NS1001	100 t 伸缩臂式铁路救援起重机	80
	吊臂平车	80
N1002	100 t 固定臂式铁路救援起重机	80
	吊臂平车	80
NS100G	100 t 伸缩臂式铁路救援起重机	80
	吊臂平车	80

（3）单机挂车的辆数，线路坡度不超过 12‰ 的区段，以 10 辆为限；超过 12‰ 的区段，由铁路局规定。

单机挂车时，应遵守下列规定：

① 所挂车辆的自动制动机作用必须良好，发车前列检（无列检时由车站发车人员）按规定进行制动试验；

② 连挂前按规定彻底检查货物装载状态，并将编组顺序表和货运单据交与司机；

③ 在区间被迫停车后的防护工作由机车乘务组负责，开车前应确认附挂辆数和制动主管贯通状态是否良好；

④ 列车调度员应严格掌握，不得影响机车固定交路和乘务员劳动时间；

⑤ 不准挂装载爆炸品、超限货物的车辆。

单机挂车时，可不挂列尾装置。

任务 3.4　机车车辆重量及长度的规定

（1）机车、车辆、铁路救援起重机编入列车时，重量及长度按表 3–2、表 3–3、表 3–4 确定。

表 3-2 机车重量及长度表

种类	机 型	自重（t）	换算长度	备 注
电力	SS$_1$	137	1.9	
	SS$_{3B}$	276	4.0	按双节计算
	SS$_4$	184	3.0	按双节计算
	SS$_3$、SS$_6$、SS$_{6B}$、SS$_7$、SS$_{7B}$、6K	138	2.0	
	SS$_{7C}$	132	2.0	
	SS$_{7D}$、SS$_{7E}$、SS$_9$	126	2.0	
	SS$_8$	87/89	1.6	无列车供电/有列车供电
	8G、DJ$_1$	184	3.2	按双节计算
	8K	184	3.4	按双节计算
	HXD$_1$	200	3.2	按双节计算
	HXD$_2$	200	3.5	按双节计算
	HXD$_{1B}$、HXD$_{2B}$、HXD$_{3B}$	150	2.1	
	HXD$_{1C}$、HXD$_{2C}$	138/150	2.1	
	HXD$_3$、HXD$_{3C}$	138/150	1.9	
	HXD$_{1D}$、HXD$_{3D}$	126	2.1	
内燃	DF$_4$、DF$_{4B}$、DF$_{4C}$、DF$_{4D}$	127	1.9	
	DF$_5$、DF$_7$、DF$_{7B}$、DF$_{7C}$	130	1.7	
	DF$_{7D}$	132	1.7	山区型自重127 t，双司机室机车换长1.8
	DF$_{7E}$	145	1.8	
	DF$_{7G}$	132	1.8	
	DF$_8$	130	2.0	
	DF$_{8B}$	131	2.0	25 t 轴重 DF$_{8B}$ 自重 139 t
	DF$_{11}$	133	1.9	
	DF$_{11G}$	133	2.0	
	DFH$_2$	58	1.2	
	DFH$_3$	84	1.7	
	DFH$_5$	81	1.4	
	BJ	84	1.5	
	ND$_2$	114	1.6	
	ND$_3$	122	1.7	
	ND$_5$	126	1.8	
	NY$_6$、NY$_7$	124	2.1	
	HXN$_5$	150	2.1	
	HXN$_3$	150	2.0	
	NJ$_2$	138	1.9	

表3–3　车辆重量及长度

1. 客　　车

客车种类	平均每辆总重量（t）	平均每辆换算长度
各种客车	按车体外部标记计算	按车体外部标记计算

2. 货　　车

货车种类	平均每辆自重（t）	平均每辆换算长度
标记载重 60 t 四轴棚车（P_{62K}、P_{63K}）	24.0	1.5
标记载重 58 t 四轴棚车（P_{64K}）	25.4	1.5
标记载重 58 t 四轴棚车（P_{64AK}）	25.7	1.5
标记载重 58 t 四轴棚车（P_{65}）	26.0	1.5
标记载重 70 t 四轴棚车（P_{70}）	24.9	1.6
标记载重 60 t 四轴敞车（CF、CFK）	22.4	1.2
标记载重 60 t 四轴敞车（C_{62A}、C_{62AK}）	21.7	1.2
标记载重 60 t 四轴敞车（C_{62B}、C_{62BK}）	22.3	1.2
标记载重 61 t 四轴敞车（C_{63}、C_{63A}）	22.5	1.1
标记载重 61 t 四轴敞车（C_{64K}）	23.0	1.2
标记载重 60 t 四轴敞车（C_{61}）	23.0	1.1
标记载重 70 t 四轴敞车（C_{70}）	23.8	1.3
标记载重 70 t 四轴敞车（C_{70E}）	24.0	1.3
标记载重 80 t 四轴敞车（C_{80}、C_{80B}）	20.0	1.1
标记载重 100 t 六轴敞车（C_{100A}、C_{100AH}）	26.0	1.4
标记载重 50 t 四轴集装箱平车（X_{1K}）	19.8	1.3
标记载重 60 t 四轴集装箱平车（X_{6A}）	17.8	1.3
标记载重 60 t 四轴集装箱平车（X_{6K}）	18.0	1.2
标记载重 70 t 四轴集装箱平车（X_{4K}）	21.8	1.8
标记载重 70 t 四轴集装箱平车（X_{70}）	22.4	1.2
标记载重 80 t 四轴集装箱平车（X_{2K}）	22.0	1.8
标记载重 60 t 四轴平车（N_{17AK}）	21.0	1.3
标记载重 60 t 四轴平车（N_{17GK}）	21.9	1.3
标记载重 60 t 四轴平车（N_{17K}）	20.5	1.3
标记载重 60 t 四轴平集共用车（NX_{17AK}）	22.9	1.3
标记载重 60 t 四轴平集共用车（NX_{17K}）	22.4	1.3
标记载重 60 t 四轴平集共用车（NX_{17BK}）	22.9	1.5

2.货 车

货车种类	平均每辆自重（t）	平均每辆换算长度
标记载重 70 t 四轴平集共用车（NX$_{70}$）	23.8	1.5
标记载重 70 t 四轴平集共用车（NX$_{70A}$）	23.8	1.3
标记载重 53 t 四轴罐车（G$_{60K}$）	21.0	1.1
标记载重 60 t 四轴罐车（G$_{70K}$）	20.4	1.1
标记载重 70 t 四轴罐车（GQ$_{70}$）	23.6	1.1
标记载重 70 t 四轴罐车（GN$_{70}$）	23.8	1.1
标记载重 70 t 四轴罐车（GHA$_{70}$）	23.8	1.2
标记载重 70 t 四轴氧化铝粉罐车（GF$_{70}$）	23.6	1.2
标记载重 50 t 四轴毒品车（W$_{5SK}$）	26.5	1.5
标记载重 60 t 四轴毒品车（W$_{6S}$）	24.6	1.5
标记载重 70 t 四轴毒品车（W$_{70S}$）	25.2	1.6
标记载重 60 t 石碴车（K$_{13K}$）	21.5	1.1
标记载重 70 t 石碴车（KZ$_{70}$）	23.8	1.1
标记载重 60 t 煤炭漏斗车（K$_{18K}$）	24.0	1.3
标记载重 70 t 煤炭漏斗车（KM$_{70}$）	23.8	1.3
标记载重 60 t 散装粮食车（L$_{17K}$）	23.5	1.3
标记载重 60 t 散装粮食车（L$_{18}$）	23.8	1.3
标记载重 70 t 散装粮食车（L$_{70}$）	24.8	1.5
标记载重 60 t 散装水泥车（U$_{60}$）	26.0	1.2
标记载重 60 t 散装水泥车（U$_{60WK}$）	24.5	1.1
标记载重 60 t 散装水泥车（U$_{61WK}$）	22.3	1.1
标记载重 20 t 双层小汽车运输车（SQ$_5$）	37.0	2.4
标记载重 22 t 双层小汽车运输车（SQ$_6$）	36.2	2.4
标记载重 40 t 机械冷藏车（B$_{10A}$）	41.1	2.0

注：1. 旅客列车重量按客车总重（包括旅客及行李的重量）计算，回送空客车按自重计算。

2. 列车中其他各型货车的自重及换算长度和货物的重量按《铁路货车统计规则》规定计算。

3. 机车、车辆长度的计算，以前后两钩舌内侧面距离按 11 m 为换算单位（一辆），各型机车、车辆按上述换算单位得出的比值，称为换算长度。

表 3–4　铁路救援起重机重量及长度表

型号	名称	自重（t）	换算长度
NS2000	200 t 伸缩臂式铁路救援起重机	208	1.5
	吊臂平车	45	2.2
NS1600	160 t 伸缩臂式铁路救援起重机（1 600 t·m）	192	1.4
	160 t 伸缩臂式铁路救援起重机（1 680 t·m）	205	1.4
	吊臂平车	45	2.2
NS1601	160 t 伸缩臂式铁路救援起重机	186.4	1.1
	吊臂平车	42	2.2
NS1602	160 t 伸缩臂式铁路救援起重机	184	1.1
	吊臂平车	38	1.8
N1601	160 t 固定臂式铁路救援起重机	187	1.1
	吊臂平车	38	1.9
N1602	160 t 固定臂式铁路救援起重机	190	1.1
	吊臂平车	40	2.2
NS1601G	160 t 伸缩臂式铁路救援起重机	186.4	1.1
	吊臂平车	38	1.9
NS1602G	160 t 伸缩臂式铁路救援起重机	186.4	1.1
	吊臂平车	40	2.2
NS1251	125 t 伸缩臂式铁路救援起重机	139	1.0
	吊臂平车	40	1.9
NS1252	125 t 伸缩臂式铁路救援起重机	138	1.1
	吊臂平车	40	1.9
NS1001	100 t 伸缩臂式铁路救援起重机	138	1.0
	吊臂平车	32	1.8
N1002	100 t 固定臂式铁路救援起重机	132	1.0
	吊臂平车	31.4	1.8
NS100G	100 t 伸缩臂式铁路救援起重机	140	1.0
	吊臂平车	32	1.8

（2）动车组的长度、重量及最高运行速度按表 3–5 规定。

表 3–5 动车组长度、重量及最高运行速度表

动车组类型	换算长度	整备重量（t）	计算重量（t）	最高运行速度（km/h）
CRH1A-200	19.4	429.7	483.1	200
CRH1A-250	19.4	432.6	483.1	250
ARH1A-A	18.6	431.0	480.0	250
CRH1B	38.8	857.6	961.5	250
CRH1E（不锈钢车体）	38.8	887.8	942.2	250
CRH1E（铝合金车体）	37.2	910.9	987.0（按座票定员）	250
CRH2A	18.3	375.8	425.9	250
CRH2B	36.5	745.3	846.3	250
CRH2E	36.5	813.1	869.8	580
CRH2E（纵向卧铺车）	37.5	836.2	915.4	250
CRH2G	18.3	393.3	442.3	250
CRH3A	19.1	438.9	487.9	250
CRH5A	19.2	430.0	479.7	250
CRH5G	19.2	429.0	478.0	250
CRH5E	38.0	927.3	999.9	250
CRH2C 一阶段	18.3	381.8	431.9	310
CRH2C 二阶段	18.3	401.5	451.6	350
CRH3C	18.2	432.0	476.6	310/350
CRH380A	18.5	411.4	452.3	350
CRH380AL	36.6	836.5	924.4	350
CRH380B	18.5	450.8	495.3	350
CRH380BG	18.5	454.9	499.4	350
CRH380BL	36.3	893.1	977.3	350
CRH380CL	36.4	902.8	987.0	350
CRH380D	19.6	464.7	510.0	350
CRH400AF	19.0	427.8	472.3	350
CRH400BF	19.0	461.8	506.3	350
CRH6F	18.3	383.4	471.6	160
CRH6A	18.3	382.2	417.9	200

注：CRH3C 型动车组齿轮箱传动比为 2.793 1 时，最高运行速度为 310 km/h；齿轮箱传动比为 2.429 时，最高运行速度为 350 km/h。

任务 3.5　列车制动限速及其编组要求

（1）动车组以外的列车的换算闸瓦压力，按表 3-6、表 3-7 规定计算。

表 3-6　机车计算重量及每台换算闸瓦压力表

种类	机　型	计算重量（t）	换算闸瓦压力（kN）
电力	SS$_3$、SS$_6$	138	700
	SS$_1$	138	830
	SS$_{3B}$、SS$_{6B}$	138	680
	SS$_4$	184	900
	SS$_7$	138	1 100
	SS$_{7E}$、SS$_9$	126	770
	SS$_8$	90	520
	DJ$_1$	184	1 120
	6K	138	780
	8G、8K	184	880
	HXD$_1$、HXD$_2$	200	900（320）
	HXD$_{1B}$、HXD$_{2B}$、HXD$_{3B}$	150	680（240）
	HXD$_{1C}$、HXD$_{2C}$、HXD$_3$、HXD$_{3C}$	138/150	680（240）
	HXD$_{1D}$、HXD$_{3D}$	126	790（280）
内燃	DF$_4$、DF$_5$、DF$_7$、DF$_8$、DF$_{11}$	138	680
	DF$_{11G}$、DF$_{11Z}$	145	770
	DF$_{7B}$、DF$_{7C}$、DF$_{7D}$	138	680
	DF$_{8B}$	150	900
	BJ	90	680
	ND$_5$	135	800
	HXN$_5$、HXN$_3$	150	680（240）
	NJ$_2$	138	620（220）

注：1. 表中为按铸铁闸瓦换算闸瓦压力。

2. 新型机车根据 120 km/h 速度下紧急制动距离在 1 100 m 以内的要求计算，括弧内为按 H 高摩合成闸瓦换算闸瓦压力。

表 3–7　车辆换算闸瓦压力表

种类	车 型		每辆换算闸瓦压力（kN）		
			自动制动机列车主管压力		人力制动机
			500 kPa	600 kPa	
客车	普通客车（120 km/h）	（踏面制动）		（350）	（80）
	新型客车（盘形制动，120 km/h，140 km/h，160 km/h）	120 km/h	自重 41～45 t		137（412）	13
			自重 46～50 t		147（441）	
			自重 51～55 t		159（477）	
			自重 ≥56 t		173（519）	
		双层		178（534）	13
		140 km/h 及 160 km/h	自重 41～45 t		146（438）	13
			自重 46～50 t		156（468）	
			自重 51～55 t		167（501）	
			自重 ≥56 t		176（528）	
	特快货物班列中的车辆（盘形制动，160 km/h）			180（540）	13
货车	快速货物班列中的车辆（18 t 轴重）	重车位		140	40
		空车位		55	40
	普通货车（21 t 轴重）	重车位	145	165	40
		空车位	60	70	40
	普通货车（23 t 轴重）	重车位	160	180	40
		空车位	65	75	40
	重载货车（25 t 轴重）	重车位	170	195	50
		空车位	70	80	50

注：1. 按 H 高摩合成闸瓦计算，括弧内为按铸铁闸瓦计算。

2. 空重车自动调整装置的空重位压力比为 1∶2.5；对装有空重车手动调整装置的车辆，当车辆总重（自重＋载重）达到 40 t 时，按重车位调整。

3. 旅客列车、特快及快速货物班列自动制动机主管压力为 600 kPa；其他列车为 500 kPa。长大下坡道区段货物列车及重载货物列车的自动制动机主管压力，由铁路局根据管内相关试验结果和列车实际操纵需要可提高至 600 kPa；遇机车换挂需将自动制动机列车主管压力由 600 kPa 改为 500 kPa 时，摘机前应对列车主管实施一次 170 kPa 的最大减压量操纵。

4. 快运货物班列车辆和货车以外的其他车辆，在列车主管压力为 500 kPa 时的闸瓦压力，按 600 kPa 时的闸瓦压力的 1∶1.15 换算。

列车制动限速受每百吨列车重量换算闸瓦压力及下坡道坡度限制。计算制动距离 800 m 的普通货物列车（计长 88.0 及以下列车）按表 3–8 规定；计算制动距离 1 400 m 的 120 km/h

货物列车按表 3-9 规定；快速货物班列按表 3-10 规定。普通旅客列车按第表 3-11 规定；140 km/h 旅客列车按表 3-12 规定；160 km/h 旅客列车按表 3-13 规定。列车下坡道制动限速随下坡道千分数的增加而递减，坡道每增加 1‰，限速减少 1 km/h 左右。

表 3-8 普通货物列车制动限速表（km/h）
（计算制动距离 800 m，H 高摩合成闸瓦/L 低摩合成闸瓦）

i \ v \ P	100	120	140	160	180	200	220	240	260	280	300	320	340	360
	\multicolumn{14}{每百吨列车重量（机车除外）的换算闸瓦压力（kN）}													
0	78/55	83/59	88/63	94/66	/69	/72	/75	/78	/81	/83	/85	/87	/89	/91
1	76/53	81/57	87/61	93/64	/67	/71	/74	/77	/80	/82	/84	/86	/88	/90
2	75/52	80/56	86/60	92/63	/66	/70	/73	/76	/79	/81	/83	/85	/87	/89
3	74/51	79/55	85/58	91/61	/65	/69	/72	/75	/78	/81	/83	/85	/87	/89
4	73/49	78/53	84/57	90/60	95/64	/68	/71	/74	/77	/80	/82	/84	/86	/88
5	72/48	77/52	83/55	89/59	94/63	/67	/70	/73	/76	/79	/81	/83	/85	/87
6	71/46	76/50	82/54	88/58	93/62	/66	/69	/72	/75	/78	/80	/82	/84	/86
7	70/44	75/48	81/52	87/56	92/60	/64	/67	/71	/74	/77	/80	/82	/84	/86
8	69/43	74/47	80/51	86/55	91/59	/63	/67	/70	/73	/76	/79	/81	/83	/85
9	68/41	73/46	79/50	85/54	90/58	/62	/66	/69	/72	/75	/78	/80	/82	/84
10	67/39	72/44	78/49	84/53	89/57	95/61	/65	/68	/71	/74	/77	/79	/81	/83
11	65/37	70/42	76/47	82/51	87/55	93/60	/64	/67	/70	/73	/76	/78	/80	/82
12	64/36	69/41	75/45	81/50	86/54	92/59	/63	/66	/69	/72	/75	/77	/79	/81
13	63/34	68/39	74/43	80/48	85/53	91/58	/62	/65	/68	/71	/74	/76	/78	/80
14	61/32	67/37	72/42	78/47	84/52	90/57	/61	/64	/67	/70	/73	/75	/77	/79
15	60/31	66/36	71/41	77/46	83/51	89/55	95/59	/63	/67	/70	/72	/74	/76	/78
16	59/30	65/35	70/40	76/45	82/50	88/54	94/58	/62	/66	/69	/71	/73	/75	/77
17	58/28	64/33	69/38	75/43	81/48	87/53	93/57	/61	/65	/68	/70	/73	/75	/77
18	56/27	62/32	68/37	74/42	80/47	86/52	92/56	/60	/64	/67	/70	/72	/74	/76
19	55/26	61/31	67/36	73/41	79/46	85/50	91/55	/59	/63	/66	/69	/71	/73	/75
20	54/24	60/29	66/34	72/39	78/44	84/49	90/54	95/58	/62	/65	/68	/71	/73	/75

注：1. 根据表 3-7 普通货物列车最高速度为 90 km/h 时，每百吨列车重量按 H 高摩合成闸瓦换算闸瓦压力不得低于 150 kN。

2. 列车装备条件：H 高摩合成闸瓦/L 低摩合成闸瓦。

3. 对于超过 20‰的下坡道，列车制动限速表由铁路局根据实际试验规定。

4. i 为下坡道千分数（‰）；P 为每百吨列车重量的换算闸瓦压力，单位 kN；v 为货物列车制动限速，单位 km/h。

5. 适用计长 88.0 及以下、速度 90 km/h 及以下的货物列车（快速货物班列除外）。

表 3–9　120 km/h 货物列车制动限速表（km/h）
（计算制动距离 1 400 m，H 高摩合成闸瓦）

i \ v \ P	每百吨列车重量（机车除外）的换算闸瓦压力（kN）						
	140	150	160	170	180	190	200
0	120						
1	119						
2	118						
3	117						
4	115	119					
5	114	118					
6	113	117					
7	112	116	119				
8	110	114	118				
9	109	113	117				
10	108	112	116	119			
11	106	110	114	117			
12	105	109	113	116			
13	104	108	112	115			
14	102	106	110	114	117		
15	101	105	109	113	116		
16	100	104	108	112	115		
17	98	102	106	110	114		
18	97	101	105	109	113	116	
19	96	100	104	108	112	115	
20	95	99	103	107	111	114	117

注：1. 根据表 3–7 普通货物列车最高速度为 120 km/h 时，每百吨列车重量按 H 高摩合成闸瓦换算闸瓦压力不得低于 150 kN。

2. 由于制动热负荷限制，最高速度不超过 120 km/h。

3. 本表中的闸瓦压力为按照 H 高摩合成闸瓦的换算闸瓦压力。

4. i 为下坡道千分数（‰）；P 为每百吨列车重量的换算闸瓦压力，单位 kN；v 为货物列车制动限速，单位 km/h。

5. 适用计长 88.0 及以下、速度 120 km/h 的货物列车（快速货物班列除外）。

表 3–10 快速货物班列制动限速表（km/h）
（计算制动距离 1 100 m，H 高摩合成闸瓦，30 辆以下编组，18 t 轴重）

i v P	每百吨列车重量（机车除外）的换算闸瓦压力（kN）							
	130	140	150	160	170	180	190	200
0	106	109	113	116	119			
1	105	108	112	115	118			
2	104	107	111	114	117			
3	103	106	110	113	116	119		
4	102	105	109	112	115	118		
5	100	103	107	111	114	117	120	
6	99	102	106	110	113	116	119	
7	98	101	105	109	112	115	118	
8	97	100	104	108	111	114	117	
9	96	99	103	107	110	113	116	119
10	94	98	101	105	108	111	115	118
11	93	97	100	104	107	110	114	117
12	92	96	99	103	106	109	113	116
13	91	95	98	102	105	109	112	115
14	90	94	97	101	104	108	111	114
15	88	92	95	99	103	107	110	113
16	87	91	94	98	102	106	109	112
17	86	90	94	98	101	105	108	111
18	85	89	93	97	100	104	107	110
19	84	88	92	96	99	103	106	109
20	82	86	90	94	98	102	105	108

注：1. 根据表 3–7 快速货物班列最高速度为 120 km/h 时，每百吨列车重量按 H 高摩合成闸瓦换算闸瓦压力不得低于 175 kN。

2. 由于制动热负荷限制，最高速度不超过 120 km/h。

3. 本表中的闸瓦压力为按照 H 高摩合成闸瓦的换算闸瓦压力。

4. i 为下坡道千分数（‰）；P 为每百吨列车重量的换算闸瓦压力，单位 kN；v 为货物列车制动限速，单位 km/h。

表 3–11 旅客列车制动限速表（km/h）
（计算制动距离 800 m，高磷铸铁闸瓦）

P v i	每百吨列车重量的换算闸瓦压力（kN）													
	500	520	540	560	580	600	620	640	660	680	700	720	740	760
0	106	107	109	110	111	112	113	114	115	116	117	118	119	120
1	105	107	108	109	110	111	113	114	115	116	117	118	118	119
2	105	106	107	109	110	111	112	113	114	115	116	117	118	118
3	104	105	107	108	109	110	111	112	114	115	116	117	117	118
4	103	105	106	107	109	110	111	112	113	114	115	116	117	117
5	102	104	106	107	108	109	110	111	112	113	114	115	116	116
6	102	104	105	106	107	108	110	111	112	113	114	115	116	116
7	101	103	104	106	107	108	109	110	111	112	113	114	115	115
8	100	102	103	105	106	107	109	110	111	112	113	114	115	115
9	99	101	102	104	105	107	108	109	110	111	112	113	114	114
10	98	100	102	103	104	106	107	109	110	111	112	112	113	113
11	97	99	101	103	104	105	107	108	109	110	111	112	113	113
12	97	99	101	102	103	105	106	107	109	110	111	111	112	112
13	96	98	100	102	103	104	106	107	108	109	110	111	112	112
14	96	98	100	101	102	104	105	106	107	109	110	110	111	111
15	95	97	99	101	102	103	105	106	107	108	109	110	111	111
16	95	97	99	100	101	103	104	105	106	107	108	109	110	110
17	94	96	98	100	101	102	103	105	106	107	108	109	109	110
18	94	96	98	99	100	102	103	104	105	106	107	108	108	109
19	93	95	97	99	100	101	102	103	104	105	106	107	108	109
20	93	95	97	98	99	100	101	102	103	104	105	106	107	108

注：1. 每百吨列车重量的闸瓦压力低于 760 kN 需限速运行。例如 22 型客车（踏面制动）编成列车在每百吨列车重量的闸瓦压力 660 kN 条件下的制动限速为 115 km/h。

2. 对于超过 20‰的下坡道，列车制动限速由铁路局根据实际试验规定。

3. i 为下坡道千分数（‰）；P 为每百吨列车重量的换算闸瓦压力，单位 kN；v 为旅客列车制动限速，单位 km/h。

4. 本表每百吨列车重量的换算闸瓦压力计算包括机车。

5. 本表适用 120 km/h 旅客列车。

表 3-12　140 km/h 旅客列车制动限速表（km/h）
（计算制动距离 1 100 m，盘形制动）

i	P 每百吨列车重量的换算闸瓦压力（kN）							
v	230	240	250	260	270	280	290	300
0	138	140						
1	137	139						
2	136	138						
3	135	137	140					
4	135	137	139					
5	134	136	138					
6	133	135	137	140				
7	132	134	136	139				
8	132	134	136	139				
9	131	133	135	138				
10	130	132	134	137	140			
11	129	131	133	136	139			
12	128	130	132	135	138			
13	128	130	132	134	137	140		
14	127	129	131	133	136	139		
15	126	128	130	132	135	138		
16	125	127	129	131	134	137	140	
17	125	127	129	131	134	137	139	
18	124	126	128	130	133	136	139	
19	123	125	127	129	132	135	138	
20	122	124	126	128	131	134	137	139

注：1. 新型客车（盘形制动）每百吨列车重量按高摩合成闸片换算闸瓦压力应在 275 kN 以上。

2. 对于超过 20‰的下坡道，列车制动限速由铁路局根据实际试验规定。

3. i 为下坡道千分数（‰）；P 为每百吨列车重量的换算闸瓦压力，单位 kN；v 为旅客列车制动限速，单位 km/h。

4. 本表每百吨列车重量的换算闸瓦压力计算包括机车。

表 3–13 160 km/h 旅客列车制动限速表（km/h）
（计算制动距离 1 400 m，盘形制动）

P v i	每百吨列车重量的换算闸瓦压力（kN）								
	230	240	250	260	270	280	290	300	310
0	155	158	160						
1	154	157	159						
2	153	156	159						
3	152	155	158	160					
4	151	154	157	159					
5	150	153	156	159					
6	149	152	155	158	160				
7	148	151	154	157	159				
8	147	150	153	156	159				
9	146	149	152	155	158	160			
10	146	149	152	155	157	159			
11	145	148	151	154	156	159			
12	144	147	150	153	155	158	160		
13	143	146	149	152	155	157	159		
14	142	145	148	151	154	156	158		
15	141	144	147	150	153	155	157	160	
16	140	143	146	149	152	154	157	159	
17	139	142	145	148	151	154	156	159	
18	138	141	144	147	150	153	155	158	160
19	137	140	143	146	149	152	154	157	159
20	137	140	143	146	149	151	153	156	158

注：1. 新型客车（盘形制动）每百吨列车重量按高摩合成闸片换算闸瓦压力应在 275 kN 以上。

2. 对于超过 20‰的下坡道，列车制动限速由铁路局根据实际试验规定。

3. i 为下坡道千分数（‰）；P 为每百吨列车重量的换算闸瓦压力，单位 kN；v 为旅客列车制动限速，单位 km/h。

4. 本表每百吨列车重量的换算闸瓦压力计算包括机车。

5. 本表也适用特快货物班列。

（2）列车中的机车和车辆的自动制动机，均应加入全列车的制动系统。

货物列车中因装载的货物规定需停止制动作用的车辆，自动制动机临时发生故障的车辆，准许关闭截断塞门（简称关门车），但列检作业场所在站编组始发的列车中，不得有制动故障关门车。编入列车的关门车数不超过现车总辆数的6%（尾数不足一辆按四舍五入计算）时，可不计算每百吨列车重量的换算闸瓦压力，不填发制动效能证明书；超过6%时，按第261条规定计算闸瓦压力，并填发制动效能证明书交与司机。关门车不得挂于机车后部三辆车之内；在列车中连续连挂不得超过两辆；列车最后一辆不得为关门车；列车最后第二、三辆不得连续关门。对于不适于连挂在列车中部但走行部良好的车辆，经列车调度员准许，可挂于列车尾部，以一辆为限，如该车辆的自动制动机不起作用时，须由车辆人员采取安全措施，保证不致脱钩。

旅客列车、特快货物班列不准编挂关门车。在运行途中（包括在站折返）如遇自动制动机临时故障，在停车时间内不能修复时，准许关闭一辆，但列车最后一辆不得为关门车，120 km/h 速度等级及编组小于 8 辆的 140 km/h、160 km/h 速度等级列车按规定关门时需限速运行，车辆乘务员须向司机递交限速证明书。

编有货车的军用列车、路用列车编挂关门车时，除有特殊规定外，执行货物列车的规定。

（3）列车在任何线路上的紧急制动距离限值按表 3–14 规定。

表 3–14　列车在任何线路上的紧急制动距离限值

列车类型	最高运行速度（km/h）	紧急制动距离限值（m）
旅客列车（动车组列车除外）	120	800
	140	1 100
	160	1 400
特快货物班列	160	1 400
快速货物班列	120	1 100
货物列车（货车轴重<25 t，快速货物班列除外）	90	800
	120	1 400
货物列车（货车轴重≥25 t）	100	1 400

任务 3.6　列车中车辆的连挂、检查及修理规定

1. 列车中车辆的连挂规定

（1）动车组以外的列车中相互连挂的车钩中心水平线的高度差，不得超过 75 mm。

（2）列车中车辆的连挂，由调车作业人员负责。软管的连结，有列检作业的始发列车由列检人员负责；无列检作业的，由调车作业人员负责。

　　动车组采用机车调车作业时，随车机械师或动车段（所）胜任人员负责过渡车钩和专用风管的安装与拆卸、电气连接线的连结与摘解并打开车门，调车人员负责车钩连结与摘解、软管摘结。

　　动车组无动力回送或被救援时，过渡车钩、专用风管的安装与拆卸由随车机械师负责，司机配合。

　　（3）列车机车与第一辆车的连挂，由机车乘务员负责。单班单司机值乘的由列检人员负责；无列检作业的列车，由车辆乘务员负责；无车辆乘务员的列车，由车站人员负责。

　　列车机车与第一辆车的车钩摘解、软管摘结，由列检人员负责。无列检作业的列车，车钩、软管摘解由机车乘务员（单班单司机值乘的由车辆乘务员）负责，软管连结由车辆乘务员负责；无车辆乘务员的列车，由机车乘务员（单班单司机值乘的由车站人员）负责。

　　列车机车与第一辆车电气连接线的连结与摘解由客列检作业人员负责，无客列检作业人员时，由车辆乘务员负责。

　　货物列车本务机车在车站调车作业时，无论单机或挂有车辆，与本列的车辆摘挂和软管摘结，均由调车作业人员负责。

　　旅客列车在途中摘挂车辆时，车辆的摘挂和软管摘结，由调车作业人员负责，密封风挡和电气连接线的连结与摘解由车辆乘务员负责，其他由列检作业人员负责，无列检作业人员时，由车辆乘务员负责，必要时打开车门，以便于调车作业。装有密接式车钩的客车车辆摘挂时，过渡车钩的安装与拆卸由列检人员负责，无列检人员时由车辆乘务员负责。

　　列车机车与动车组过渡车钩的连结与摘解、软管摘结、电气连接线的连结与摘解，由随车机械师负责。

　　（4）两列动车组重联或解编时，由动车组机械师负责引导，司机确认。动车组重联时，被控动车组应退出占用，主控动车组使用调车模式与被控动车组连接。解编操作时，主控动车组转换为调车模式后，必须一次移动 5 m 以上方可停车。

2. 列车中的车辆检查及修理规定

　　（1）列检作业应按规定范围和技术作业过程进行。货物列车停车技术作业的，检查与修理应有分工，现场检查和修理应进行平行作业；不停车技术作业的，应对危及行车安全的车辆故障及时报告拦停，并由故障专修人员对故障进行确认和处理。应积极利用专用修理机具在列车或车列中修理车辆故障，减少摘车临修，充分利用技术作业时间并在规定时间内完成技术作业，保证发出列车符合质量标准。应建立车辆故障诊断指导组，对途中车辆故障进行远程诊断、指导和故障处置确认。

　　无列检车站始发的货物列车，应在途经第一个列检作业场安排停车技术作业。对长期不经列检进行停车技术作业的固定编组、循环使用车组，铁路局应按照列检安全保证距离的要求，制定上述车组的列车技术作业办法，跨局运行时由相邻铁路局联合制定。

　　动车组运行（含回送）途中不进行客列检作业。

　　（2）车辆编入列车须达到运用状态。下列主要部件，必须作用良好，并符合质量要求。

　　① 转向架：

　　a）轮对、轴承、摇枕、侧架（构架）、弹簧、吊轴、制动盘；

　　b）同一转向架旁承游间左右之和（弹性旁承及旁承承载结构的除外），客车为 2～6 mm，货车为 2～20 mm；常接触式旁承上下无间隙；

　　c）车辆轮对的允许限度应符合表 3-15 的要求。

表 3-15　车辆轮对的允许限度

项目 \ 允许限度（mm）\ 分类			客车	货车
车轮轮辋厚度	客车各型		≥25	
	货车	无辐板孔		≥23
		有辐板孔		≥24
车轮轮缘厚度			≥23	≥23
车轮轮缘垂直磨耗（接触位置）高度			≤15	≤15
车轮踏面擦伤及局部凹下深度	滚动轴承		本属客车出库 ≤0.5	≤1
			外属客车出库 ≤1	
			途中运行 ≤1.5	
	滑动轴承			≤2
车轮踏面剥离长度	滚动轴承	一处时	≤30	≤50
		二处时（每一处）	≤20	≤40
	滑动轴承	一处时		≤70
		二处时（每一处）		≤60
车轮踏面圆周磨耗深度			≤8	≤8

② 自动制动机、人力制动机和货车的自动制动机空重车调整装置状态良好、位置正确，制动梁及吊、各拉杆、杠杆无裂损。

制动缸活塞行程按表 3-16 规定。

表 3-16　制动缸活塞行程

项 目 名 称			限度（mm）	备 注	
装有自动间隙调整器的复式闸瓦客车			175～205		
装有 ST1-600 型闸调器的复式闸瓦客车			180～200		
装有闸调器的单式闸瓦货车	356×254 制动缸	空车位	115～135	未装闸调器（mm）	85～135
		重车位	125～160		110～160
	305×254 制动缸	空车位	145～165		
		重车位	145～195		
	254×254 制动缸	空车位	145～165		
		重车位	145～195		
	203×254 制动缸	空车位	115～145		
		重车位	125～160		

项 目 名 称		限度（mm）	备　注
装有闸调器的复式闸瓦货车	B21、B22-1 型车　空车位	120～130	
	重车位	150～160	
	B19、B22-2、B23 型车	130～150	不分空重车位

③ 车钩、尾框、从板座、缓冲器无裂损。

车钩中心水平线至钢轨顶面高度按表 3-17 规定。

表 3-17　车钩中心水平线至钢轨顶面高度

项目	车种	高度（mm）
最大	客车、货车	890
最小	空货车	835
	客车	830
	重货车	815

④ 车底架的中、侧、枕、端梁无裂损，罐体卡带无裂损、无松动，罐体无漏泄。

车体的弯曲下垂、胀出、倾斜允许限度按表 3-18 规定。

表 3-18　车体的弯曲下垂、胀出、倾斜允许限度

允许限度（mm）　分类　项目	客车	货车 空	货车 重
中、侧梁在枕梁间下垂		40	80
敞车车体胀出		80	150
车体倾斜	50	75	

（3）上线运营的动车组须符合出所质量标准。遇下述情况时，须安排动车组试运行：

① 新型动车组运营、新线开通前；

② 动车组新造出厂、高级检修修竣后；

③ 临修更换转向架、轮对、万向轴、主变压器、牵引电机后；

④ 重要部件、软件加装、升级后。

（4）在有列检作业的车站，发现列车中有技术不良的车辆，因条件限制不能修理时，应由列车中摘下修理。在其他车站发现列车中有技术不良的车辆，因特殊情况不能摘下时，如能确保行车安全，经车辆调度员同意，可回送到指定地点进行处理。

动车组列车运行途中遇空气弹簧故障时，运行速度不得超过 160 km/h（CRH2、CRH380A/AL 型为 120 km/h），其他旅客列车运行途中遇车辆空气弹簧故障时，运行速度不得超过 120 km/h。采用密接式车钩的旅客列车，在运行途中因故障更换 15 号过渡车钩后，运行速度不得超过

140 km/h。

（5）编入列车的国际铁路联运车辆，应符合国际铁路联运有关车辆交接技术条件。

（6）运用中的车辆应按规定的周期检修。扣修和出入厂、段的车辆应建立定时取送制度，并纳入车站日班计划。

（7）动车组以外的列车自动制动机应按下列规定进行试验。

① 全部试验

a）货车列检对解体列车到达后施行一次到达全部试验，对编组列车始发前施行一次始发全部试验，对有调车作业中转列车到达后首先施行到达全部试验，发车前只施行始发全部试验中的漏泄试验；

b）货车特级列检和安全保证距离在 500 km 左右的一级列检对无调车作业中转列车始发前施行一次始发全部试验；

c）无列检作业场车站始发的列车，在途经第一个列检作业场进行无调车中转技术检查作业时施行一次始发全部试验；

d）列检作业场对运行途中自动制动机发生故障的到达列车；

e）旅客列车库内检修作业；

f）在有客列检作业的车站折返的旅客列车。

站内设有试风装置时，应使用列车试验器试验，连挂机车后只做简略试验。对装有空气弹簧等装置的旅客列车应同时检查辅助用风系统的泄漏。

② 简略试验

a）货车列检对始发列车、中转作业列车连挂机车后；

b）客列检作业后和旅客列车始发前；

c）更换机车或更换机车乘务组时；

d）无列检作业的始发列车发车前；

e）列车软管有分离情况时；

f）列车停留超过 20 min 时；

g）列车摘挂补机，或第一机车的自动制动机损坏交由第二机车操纵时；

h）机车改变司机室操纵时；

i）单机附挂车辆时；

j）列车进行摘、挂作业开车前。

在站简略试验：有列检作业的由列检人员负责，无列检作业的由车辆乘务员负责，无车辆乘务员的由车站人员负责。挂有列尾装置的列车由司机负责（挂有列尾装置的旅客列车，始发前、摘挂作业开车前及在途中换挂机车站、客列检作业站，有列检作业的由列检人员负责，无列检作业的由车辆乘务员负责）。

③ 持续一定时间的全部试验

有列检作业场的车站发出的货物列车运行前方途经长大下坡道区间的，在始发、中转作业时应进行持续一定时间的全部试验，列检应填发制动效能证明书交给司机；在有列检作业场车站至长大下坡道区间间的各站始发或进行摘挂作业的列车，是否进行持续一定时间的全部试验并填发制动效能证明书交给司机，由铁路局规定。具体试验和凉闸的地点、办法，由铁路局规定。

旅客列车出库前应进行持续一定时间的全部试验，在接近长大下坡道区间的车站，是否进行持续一定时间的全部试验，由铁路局规定。

长大下坡道为：线路坡度超过 6‰，长度为 8 km 及以上；线路坡度超过 12‰，长度为 5 km 及以上；线路坡度超过 20‰，长度为 2 km 及以上。

（8）动车组制动试验规定：

① 动车组在出段（所）前或折返地点停留出发前需要进行全部制动试验，一级检修作业后的动车组在出发前不再进行全部制动试验；

② 动车组列车在始发前需在操纵端进行简略制动试验；

③ 动车组列车更换动车组司机（同向换乘除外）或操纵端后，需进行简略制动试验；

④ 动车组列车在途中重联或解编后，开车前需在操纵端进行简略制动试验；

⑤ 动车组列车使用紧急制动停车后，开车前需进行简略制动试验；

⑥ 动车组在采用机车救援、无动力回送联挂机车或回送过渡车时，按动车组无动力回送作业办法进行制动性能确认。

（9）车辆上翻车机前和翻卸后，以及进入解冻库前和解冻后，必须由所在地车辆段派列检人员对车辆进行技术检查，对解冻后车辆进行制动机性能试验。具体技术检查作业地点由铁路局规定。

（10）货物列车在编组站、区段站发车前，有关人员应做到：

货运检查人员应认真执行区段负责制，按规定检查列车中货物装载、加固、施封及篷布苫盖状态，以及车辆的门窗关闭情况，发现异状时，应及时处理。对无列检作业的车站，还应检查自动制动机的空重位置，不符合时应进行调整。

车号人员应按列车编组顺序表核对现车和货运票据，无误后，按规定与机车乘务员办理交接。

列检人员检查车辆，发现因货物装载超载、偏载、偏重、集重引起技术状态不正常时，应及时通知车站处理；车辆自动制动机的空重位置不符合时，应进行调整。

（11）动车组不办理编组顺序表交接。动车组以外的旅客列车编组顺序表按以下规定办理交接：

① 在始发站由车站人员按列车编组顺序表核对现车，无误后，与司机办理交接。

② 中途换挂机车时，到达司机与车站间、车站与出发司机间办理交接。仅更换机车乘务组时，机车乘务组之间办理交接。

③ 途中摘挂车辆时，车站负责修改列车编组顺序表。

④ 列车到达终到站后，司机与车站办理交接。

车站与司机的交接地点均为机车停留位置。

项目 4

调 车 工 作

知识点

1. 调车工作的一般要求；
2. 调车工作的领导及指挥；
3. 调车工作的计划及准备；
4. 调车作业；
5. 在正线、到发线上的调车作业；
6. 机车车辆的停留。

技能目标

1. 了解普速、高铁调车作业的基本要求和规定；
2. 掌握普速、高铁调车作业的基本方法。

任务 4.1 普速调车作业的基本要求、规定和方法

1. 一般要求

（1）车站的调车工作，应按车站的技术作业过程及调车作业计划进行。参加调车作业的人员应做到：

① 及时编组、解体列车，保证按列车运行图的规定时刻发车，不影响接车；

② 及时取送客货作业和检修的车辆；

③ 充分运用调车机车及一切技术设备，采用先进工作方法，用最少的时间完成调车任务；

④ 认真执行作业标准，保证调车有关人员的人身安全及行车安全。

（2）调车工作要固定作业区域、线路使用、调车机车、人员、班次、交接班时间、交接班地点、工具数量及其存放地点。

作固定替换用的调车机车及小运转机车，应符合调车机车的条件（有前后头灯、扶手把、防滑踏板等）。

（3）调车工作繁忙、配线较多的车站，可划分为几个调车区。

没有做好联系和防护，不准越区或转场作业。

调车机车越区作业的联系和防护办法，应在《站细》内规定。

（4）使用机车进行调车作业时，应采用无线调车灯显设备（机车摘挂、转线等不进行车辆摘挂的作业，列车在到达线路内拉道口、直接后部摘车除外），并使用规定频率，其显示方式须符合有关要求。无线调车灯显设备应与列车运行监控装置配合使用。

无线调车灯显设备正常使用时停用手信号，对灯显以外的作业指令采用通话方式；无线调车灯显设备发生故障时，改用手信号作业。

无线调车灯显设备、无线调车机车信号和监控系统的使用、维修及管理办法由铁路局规定。

（5）动车段（所）设动车组地勤司机，负责动车组在动车段（所）内调车、试运行等调移动车组作业。

2. 领导及指挥

（1）车站的调车工作，由车站调度员（未设车站调度员的由调车区长，未设调车区长的由车站值班员）统一领导。分场（区）时，各场（区）的调车工作，由负责该场（区）的车站调度员或该场（区）的调车区长领导。

动车段（所）调车工作的领导及指挥由铁路局规定。

（2）调车作业由调车长单一指挥。利用本务机车进行调车作业时，可由车站值班员或助理值班员担任指挥工作。遇有特殊情况，可由经鉴定、考试合格取得调车长资格的胜任人员代替。

（3）调车长在调车作业前，必须亲自并督促组内人员充分做好准备，认真进行检查。在作业中应做到：

① 组织调车人员正确及时地完成调车任务；

② 正确及时地显示信号（发出指令），指挥调车机车的行动；

③ 负责调车人员的人身安全和行车安全。

（4）司机在调车作业中应做到：

① 组织机车乘务人员正确及时地完成调车任务；

② 负责操纵调车机车，做好整备，保证机车质量良好；

③ 时刻注意确认信号，不间断地进行瞭望，认真执行呼唤应答制，正确及时地执行信号显示（作业指令）和调车速度的要求，没有信号（指令）不准动车，信号（指令）不清立即停车；

④ 负责调车作业的安全。

3. 计划及准备

（1）调车领导人应正确及时地编制、布置调车作业计划。布置调车作业计划，应使用调车作业通知单。中间站利用本务机车调车，应使用有示意图的调车作业通知单（示意图可另附）。使用无线调车灯显设备的车站，调车作业计划布置方法，由铁路局规定。

列车在到达线路内拉道口、对货位、直接后部摘车、本务机车（包括重联机车、补机）摘挂及转线、企业自备机车进入站内交接线整列取送作业，可不使用调车作业通知单。

自轮运转特种设备调车作业是否需要使用调车作业通知单由铁路局规定。

调车领导人与调车指挥人必须亲自交接计划。由于设备原因，亲自交接计划确有困难以及设有调车作业通知单传输装置的车站，交接办法在《站细》内规定。

调车指挥人应根据调车作业计划制定具体作业方法，连同注意事项，亲自向司机交递和传达；对其他有关人员，应亲自或指派连结员进行传达。具体传达办法，在《站细》内规定。

调车指挥人确认有关人员均已了解调车作业计划后，方可开始作业。

动车段（所）调车工作的计划编制及下达办法由铁路局规定。

（2）一批作业（指一张调车作业通知单）不超过三钩或变更计划不超过三钩时，可用口头方式布置（中间站利用本务机车调车除外），有关人员必须复诵。变更股道时，必须停车传达。仅变更作业方法或辆数时，不受口头传达三钩的限制，但调车指挥人必须向有关人员传达清楚，有关人员必须复诵。

驼峰解散车辆，只变更钩数、辆数、股道时，可不通知司机，但调车机车变更为下峰作业或向禁溜线送车前，须通知司机。

（3）调车作业必须做好下列准备：

① 提前排风、摘管，核对计划，确认进路，检查线路、道岔（集中联锁区除外）、停留车及车辆防溜等情况；

② 人力制动机的选闸、试闸，系好安全带；

③ 准备足够的良好制动铁鞋和防溜器具；

④ 无线调车灯显设备试验良好。

4. 调车作业

（1）调车作业时，调车人员必须正确及时地显示信号；机车乘务人员要认真确认信号，并回示。

推进车辆连挂时，要显示十、五、三车的距离信号，没有显示十、五、三车的距离信号，不准挂车，没有司机回示，应立即显示停车信号。

推送车辆时，要先试拉。车列前部应有人瞭望，及时显示信号。

当调车指挥人确认停留车位置有困难时，应派人显示停留车位置信号。

调车人员不足2人，不准进行调车作业。

（2）在调车作业中，单机运行或牵引车辆运行时，前方进路的确认由司机负责；推进车辆运行时，前方进路的确认由调车指挥人负责，如调车指挥人所在位置确认前方进路有困难时，可指派调车组其他人员确认。

没有看到调车指挥人的起动信号，不准动车（但单机返岔子或机车出入段时，可根据扳道员显示的道岔开通信号或调车信号机显示的允许运行的信号动车）。无扳道员和调车信号机时，调车指挥人确认道岔开通正确（如为集中操纵的道岔，还须与操纵人员联系）后，向司机显示起动信号。

非集中区调车作业时，要认真执行要道还道制度。扳道员之间的要道还道办法及集中区与非集中区间的作业办法，在《站细》内规定。连续溜放和驼峰解散车辆时，第一钩应实行要道还道制度（集中联锁设备除外），从第二钩起，按调车作业通知单的要求扳动道岔。

（3）调车作业要准确掌握速度及安全距离，并遵守下列规定：

① 在空线上牵引运行时，不准超过40 km/h；推进运行时，不准超过30 km/h。

② 调动乘坐旅客或装载爆炸品、气体类危险货物、超限货物的车辆时，不准超过15 km/h。

③ 接近被连挂的车辆时，不准超过5 km/h。

④ 推上驼峰解散车辆时的速度和装有加、减速顶的线路上的调车速度，在《站细》内规定。经过道岔侧向运行的速度，由工务部门根据道岔具体条件规定，并纳入《站细》。

⑤ 在尽头线上调车时，距线路终端应有10 m的安全距离；遇特殊情况，必须近于10 m时，要严格控制速度。

⑥ 电力机车、动车组在有接触网终点的线路上调车时，应控制速度，距接触网终点标应有 10 m 的安全距离；遇特殊情况，必须近于 10 m 时，要严格控制速度。

⑦ 旅客未上下车完毕，除本务机车、补机摘挂作业外，不得进行旅客列车（车底）的连挂作业。

⑧ 遇天气不良等非正常情况，应适当降低速度。

（4）禁止溜放的车辆、线路及其他限制：

① 装有禁止溜放货物的车辆；

② 非工作机车、铁路救援起重机、大型养路机械、机械冷藏车、凹型车、落下孔车、客车、动车组和特种用途车；

③ 乘坐旅客的车辆及停有该车辆的线路，停有动车组的线路；

④ 超过 2.5‰ 坡度的线路（为溜放调车而设的驼峰和牵出线除外）；

⑤ 停有正在进行技术检查、修理、装卸作业车辆及无人看守道口的线路；

⑥ 停有装载爆炸品、气体类危险货物车辆的线路；

⑦ 停留车辆距警冲标的长度，容纳不下溜放车辆（应附加安全制动距离）的线路；

⑧ 中间站正线、到发线及与其衔接而未设隔开设备的线路；

⑨ 调车组不足 3 人时，禁止溜放作业；

⑩ 不准采用牵引溜放法调车。

（5）调车作业摘车时，必须停妥，按规定采取好防溜措施，方可摘开车钩；挂车时，没有连挂妥当，不得撤除防溜措施。

转场或在超过 2.5‰ 坡度的线路上调车时（驼峰作业除外），10 辆及以下是否需要连结软管及连结软管的数量，11 辆及以上必须连结软管的数量，以及以解散作业为目的的牵出是否需要连结软管，由车站和机务段根据具体情况共同确定，并纳入《站细》。

（6）机车（调车机车除外）、铁路救援起重机、客车、动车组、大型养路机械、凹型车、落下孔车、钳夹车及其他涂有禁止上驼峰标记的车辆禁止通过驼峰。装载活鱼（包括鱼苗）、跨装货物的车辆（跨及两平车的汽车除外）等，是否可以通过驼峰，由车站会同车辆段等有关单位做出具体规定，并纳入《站细》。

如因迂回线故障等原因，机械冷藏车必须通过设有车辆减速器（顶）的驼峰时，以不超过 7 km/h 的速度推送过峰。不得附挂机械冷藏车溜放其他车辆（推峰除外）。

曲线外轨、调车场以外的线路和外闸瓦车、直径 950 mm 及以上的大轮车，严禁使用铁鞋制动。

（7）线路两旁堆放货物，距钢轨头部外侧不得小于 1.5 m。站台上堆放货物，距站台边缘不得小于 1 m。货物应堆放稳固，防止倒塌。

不足上述规定距离时，不得进行调车作业。

（8）手推调车，须取得调车领导人的同意，人力制动机作用必须良好，有胜任人员负责制动。手推调车速度不得超过 3 km/h。下列情况，禁止手推调车：

① 在正线、到发线及超过 2.5‰ 坡度的线路上（确需手推调车时，须经铁路局批准）；

② 在停有动车组的线路上；

③ 遇暴风雨雪或夜间无照明时；

④ 接发列车时，与接发列车进路没有隔开设备或脱轨器的线路，向能进入接发列车进路的方向；

⑤ 装有爆炸品、气体类危险货物的车辆；

⑥ 电气化区段，接触网未停电的线路上，对棚车、敞车类的车辆。

（9）动车组调车作业时原则上采用自走行方式，并应执行下列规定：

① 司机应在动车组运行方向的前端操作，前方进路的确认由动车组司机负责。在不得已情况下必须在后端操作时，应指派随车机械师或其他胜任人员站在动车组运行方向的前端指挥，发现危及行车或人身安全时，应立即使用紧急停车按钮（紧急制动装置）或通知司机停车。后端操作时，速度不得超过 15 km/h。

② 禁止连挂其他机车车辆（救援机车、附挂回送过渡车、动车组无动力调车时的调车机车、公铁两用牵引车除外）调车。

5. 在正线、到发线上的作业

（1）在正线、到发线上调车时，要经过车站值班员的准许。在接发列车时，应按《站细》规定的时间，停止影响列车进路的调车作业。

（2）接发旅客列车时，与接发列车进路没有隔开设备或脱轨器的线路，不准向能进入接发列车进路的方向调车。本务机车在停留线路内摘挂、列车拉道口时除外。

有特殊困难的车站，确需调车时，制定安全措施，由铁路局批准。

（3）越出站界调车时，双线区间正方向，必须区间（自动闭塞区间为第一个闭塞分区）空闲；单线自动闭塞区间，闭塞系统必须在发车位置，第一个闭塞分区空闲，经车站值班员口头准许并通知司机后，方可出站调车。

单线半自动闭塞区间和双线反方向出站调车时，须有停止使用基本闭塞法的调度命令，与邻站办理闭塞手续，并发给司机出站调车通知书。

（4）跟踪出站调车，只准许在单线区间及双线正方向线路上办理，并须经列车调度员口头准许，取得邻站值班员承认的电话记录号码，发给司机跟踪调车通知书。在先发列车尾部越过预告、接近信号机（或靠近车站的第一个预告标）或《站细》规定的间隔时间后，方可跟踪出站调车，但最远不得越出站界 500 m。

遇下列情况，禁止跟踪出站调车：

① 出站方向区间内有瞭望不良的地形或有长大上坡道（站名表由铁路局公布）；

② 先发列车需由区间返回，或挂有由区间返回的后部补机；

③ 一切电话中断；

④ 降雾、暴风雨雪时；

⑤ 动车组调车作业。

跟踪调车作业完毕，车站值班员确认跟踪调车通知书收回后，向邻站发出电话记录号码。列车虽已到达邻站，但跟踪调车通知书尚未收回时，禁止办理区间开通手续。

（5）车站值班员要认真掌握机车出入段的经路。

有固定机车走行线时，出入段机车必须走固定走行线。机车固定走行线上禁止停留机车车辆。

没有固定走行线或临时变更走行线时，应通知司机经路（集中联锁的车站除外），司机按固定信号或扳道员显示的允许运行的信号行车。

6. 机车车辆的停留

（1）机车车辆必须停在警冲标内方。调车作业中，车辆临时停在警冲标外方时，一批作业完了后，应立即送入警冲标内方。因特殊情况需在警冲标外方进行装卸作业时，须经车站值班员、调车区长准许，在不影响列车到发及调车作业的情况下方可进行，装卸完了后，应立即送入警冲标内方。

安全线及避难线上，禁止停留机车车辆；在超过 6‰坡度的线路上，不得无动力停留机车车辆。

装载爆炸品、气体类危险货物的车辆及救援列车，必须停放在固定的线路上，两端道岔应扳向不能进入该线的位置并加锁；临时停留公务车线路上的道岔也应扳向不能进入该线的位置并加锁。集中操纵的道岔可在控制台上进行单独锁闭。

（2）编组站、区段站在到发线、调车线以外的线路上停留车辆，不进行调车作业时，应连挂在一起，并须拧紧两端车辆的人力制动机，或以铁鞋（止轮器、防溜枕木等）牢靠固定。因装卸车对货位等情况，不能连挂在一起时，应分组做好防溜措施。

中间站停留车辆，无论停留的线路是否有坡道，均应连挂在一起，拧紧两端车辆的人力制动机，并以铁鞋（止轮器、防溜枕木等）牢靠固定。因装卸车对货位等情况，不能连挂在一起时，应分组做好防溜措施。一批调车作业中临时停留的车辆，须拧紧两端车辆的人力制动机或以铁鞋（止轮器）止轮。

编组站和区段站的到发线、调车线是否需要防溜以及作业量较大中间站执行上述规定有困难时，由铁路局规定。

（3）动车组无动力停留时，有停放制动装置的动车组，由司机负责将动车组处于停放制动状态；动车组无停放制动装置或在坡度为20‰以上的区间无动力停留时，由司机通知随车机械师进行防溜，防溜时使用止轮器牢靠固定。动车段（所）内动车组防溜办法由铁路局规定。

任务 4.2　高铁调车作业的基本要求、规定和方法

1. 一般要求

（1）车站、动车段（所）的调车工作，应按列车运行图、车站或动车段（所）的技术作业过程及调车作业计划进行。参加调车作业有关人员应做到：

① 及时办理动车组出入段（所）、转线及车底取送等作业，保证按列车运行图的规定时刻发车，不影响接车；

② 充分运用一切技术设备，采用先进工作方法，用最少的时间完成调车任务；

③ 认真执行作业标准，保证调车有关人员的人身安全及行车安全。

（2）调车作业时，应使用机车综合无线通信设备、调度台（车站）FAS 终端或注册的GSM-R 手持终端进行联系。

使用机车进行调车作业时，应使用无线调车灯显设备（机车摘挂、转线等不进行车辆摘挂的作业除外），并使用规定频率，其显示方式须符合有关要求。无线调车灯显设备应与列车运行监控装置配合使用，无线调车灯显设备的使用、维修及管理办法由铁路局规定。

无线调车灯显设备正常使用时停用手信号，对灯显以外的作业指令采用通话方式；无线调车灯显设备发生故障时，改用手信号作业。

（3）动车段（所）设动车组地勤司机，负责动车组在动车段（所）内调车、试运行等调移动车组的作业。

（4）禁止溜放调车、手推调车和跟踪出站调车作业。

（5）在作业中，调车作业人员须停车上下。

（6）调车作业必须连结全部软管。摘车时，必须停妥，按规定采取好防溜措施，方可摘开车钩；挂车时，没有连挂妥当，不得撤除防溜措施。

（7）调车作业要准确掌握速度及安全距离，并遵守下列规定：

① 在空线上牵引运行时，不准超过 40 km/h；推进运行时，不准超过 30 km/h；动车组后端操作时，不准超过 15 km/h。

② 调动乘坐旅客车辆时，不准超过 15 km/h。

③ 接近被连挂的车辆时，不准超过 5 km/h。

④ 在尽头线上调车时，距线路终端应有 10 m 的安全距离；遇特殊情况，必须近于 10 m 时，要严格控制速度。

⑤ 电力机车、动车组在有接触网终点的线路上调车时，应控制速度，距接触网终点标应有 10 m 的安全距离；遇特殊情况，必须近于 10 m 时，要严格控制速度。

⑥ 旅客未上下车完毕，除本务机车、补机摘挂作业外，不得进行旅客列车（车底）的连挂作业。

⑦ 遇天气不良等非正常情况，应适当降低速度。

（8）调车信号机故障不能开放时，进路准备人员应将相关道岔操纵至所需位置并单独锁闭，在调车进路准备妥当后通知调车指挥人（司机）准许越过故障的调车信号机。

2. 领导及指挥

（1）车站调车作业由列车调度员（由车站负责办理调车进路时为车站值班员或车务应急值守人员）担当调车领导人。分场时的调车工作，由负责该场调车进路的列车调度员（车站值班员或车务应急值守人员）领导。

（2）调车作业由调车长单一指挥，遇有特殊情况，可由经鉴定、考试合格的胜任人员担当指挥工作。动车组自走行调车作业、机车及自轮运转特种设备转线等作业由司机负责，不另设调车指挥人。

（3）调车长在调车作业前，必须亲自并督促组内人员充分做好准备，认真进行检查。在作业中应做到：

① 组织调车人员正确及时地完成调车任务；

② 正确及时地显示信号（发出指令），指挥作业；

③ 负责调车人员的人身安全和行车安全。

（4）司机在调车作业中应做到：

① 组织动车组（机车、自轮运转特种设备）乘务人员正确及时地完成调车任务；

② 负责操纵动车组（机车、自轮运转特种设备），做好整备，保证机车、自轮运转特种设备质量良好；

③ 时刻注意确认信号，不间断地进行瞭望，认真执行呼唤应答制，正确及时地执行信号显示（作业指令）和调车速度的要求，没有信号（指令）不准动车，信号（指令）不清立即停车；

④ 负责调车作业的安全。

（5）动车段（所）调车工作的领导及指挥由铁路局规定。

3. 计划及准备

（1）计划的编制及下达。

① 调车领导人应正确及时地编制、布置调车作业计划。

② 进行有车辆摘挂的调车作业时，应使用有示意图的调车作业通知单（示意图可另附）。

③ 变更调车作业计划时，调车领导人应通知调车指挥人（无调车指挥人时为司机）停止作业，重新编制调车作业计划并下达，待司机和有关人员清楚无误后，方可继续作业。

④ 调车指挥人应根据调车作业计划制定具体作业方法，连同注意事项，亲自向司机交递和传达；对其他有关人员，应亲自或指派连结员进行传达。

⑤ 调车指挥人确认有关人员均已了解调车作业计划后，方可开始作业。

（2）动车组、路用列车及机车、自轮运转特种设备需转线时，司机根据需要向列车调度员（车站值班员或车务应急值守人员）提出申请。列车调度员（车站值班员或车务应急值守人员）可不编制书面调车计划，但须将作业办法、内容和注意事项向司机传达、布置清楚并听取复诵无误，在准备好进路后，通知司机开始作业。

（3）调车作业必须做好下列准备：

① 提前核对计划及相关调度命令，确认进路；

② 进行车辆摘挂、转线的作业，提前检查线路、道岔（集中联锁区除外）、停留车及车辆防溜等情况；

③ 准备足够的良好防溜器具；

④ 无线调车灯显设备试验良好。

（4）动车段（所）调车工作的计划编制及下达办法由铁路局规定。

4. 动车组调车作业

（1）动车组进行调车作业时，原则上采用自走行方式，凭地面信号机的显示运行。

（2）动车组禁止连挂其他机车车辆（救援机车、附挂回送过渡车以及动车组无动力调车时的调车机车、公铁两用牵引车除外）调车。

（3）动车组调车作业时，司机应在运行方向的前端操作，前方进路的确认由司机负责。在不得已情况下必须在后端操作时，应指派随车机械师或其他胜任人员站在动车组运行方向的前端指挥，发现危及行车或人身安全时，应立即使用紧急停车按钮（紧急制动装置）或通知司机停车。

5. 动车组以外的调车作业

（1）调车作业时，凭地面信号机的显示运行。有调车指挥人时，凭调车指挥人的指令及地面信号机的显示运行，没有看到调车指挥人的起动信号，不准动车。

（2）信号显示。

① 调车作业时，调车人员必须正确及时地显示信号；机车乘务人员要认真确认信号，并回示。

② 推进车辆连挂时，要显示十、五、三车的距离信号，没有显示十、五、三车的距离信号，不准挂车，没有司机回示，应立即显示停车信号。

③ 推送车辆时，要先试拉。车列前部应有人瞭望，及时显示信号。

④ 当调车指挥人确认停留车位置有困难时，应派人显示停留车位置信号。

（3）除机车、自轮运转特种设备转线外，调车作业应有足够的调车人员。

① 施工路用列车、自轮运转特种设备调车作业时，由施工（使用）单位或所属单位提供

调车动力和调车人员，具体办法由铁路局规定。其他调车作业，由车站人员担当调车人员或列车调度员指定单位派调车人员。

② 调车人员不足2人，不准进行调车作业。

（4）调车作业中，机车、自轮运转特种设备运行或牵引车辆运行时，前方进路的确认由司机负责；推进车辆运行时，前方进路的确认由调车指挥人负责，如调车指挥人所在位置确认前方进路有困难时，可指派调车组其他人员确认。

6. 在正线、到发线上的作业

（1）在正线、到发线上调车时，须经过列车调度员（车站控制时为车站值班员）准许。

（2）接发列车时，应按高速铁路《行车组织细则》规定的时间，停止影响列车进路的调车作业和对列车运行安全有影响的其他作业。

（3）接发旅客列车时，与接发列车进路没有隔开设备或脱轨器的线路，不准向能进入接发列车进路的方向调车。本务机车在停留线路内摘挂除外。

（4）同一股道只允许一端调车作业，禁止两端同时向同一股道排列调车进路。

（5）调车作业中，应执行钩钩联系制度：每钩作业前，司机（调车指挥人）应主动向列车调度员（车站负责办理调车进路时为车站值班员或车务应急值守人员）请求进路；进路准备妥当后，列车调度员（车站值班员或车务应急值守人员）方可通知司机（调车指挥人）。

（6）越出站界调车。

① 越出站界调车时，必须区间（自动闭塞区间正方向为第一个闭塞分区）空闲，单线区间闭塞系统必须在发车位置；由列车调度员发布准许越出站界调车的调度命令后，方可进行。

② 越出站界调车期间，相邻站（线路所）禁止向该区间放行列车。越出站界调车作业完毕，司机或调车指挥人应报告列车调度员（车站负责办理调车进路时为车站值班员或车务应急值守人员）。车站值班员、车务应急值守人员应及时报告列车调度员，列车调度员通知两端站（线路所）后方可组织行车。

③ 需在未设调车信号机的线路上调车作业时，根据需要可按越出站界调车作业办理，办理列车进路（进、出站信号机常态为灭灯时，应点灯），由列车调度员发布准许越出站界调车的调度命令，司机根据调度命令和进、出站信号机的显示进行调车作业。

7. 机车车辆的停留规定

（1）机车车辆停留。

① 有动车组以外的旅客列车上线运行的高速铁路，在动车组运行时段，除动车组、旅客列车车底及本务机车外，车站正线、到发线不应停留其他机车车辆。特殊情况下确需在到发线停留时，由铁路局制定相应安全措施。

② 仅运行动车组列车的高速铁路，在动车组运行时段，车站正线、到发线不应停留动车组以外的其他机车车辆。特殊情况下确需在到发线停留时，由铁路局制定相应安全措施。

③ 临时停留公务车线路上的道岔应开通不能进入该线的位置并加锁。集中联锁的道岔可在控制台上进行单独锁闭。

④ 安全线上禁止停留机车车辆。

（2）机车车辆防溜。

① 动车组防溜

a）动车组无动力停留时，有停放制动装置的动车组，由司机负责将动车组处于停放制动状态；动车组无停放制动装置或在坡度为 20‰ 以上的区间无动力停留时，由司机通知随车机械师进行防溜，防溜时应使用铁鞋牢靠固定。

b）重联动车组在设置铁鞋（止轮器）防溜时，仅设置前列。

c）如需在同一股道内停留两列不重联的动车组时，两列动车组间应间隔不小于 20 m 的安全防护距离（动车段、动车所内的股道除外），并分别做好防溜。

d）动车段（所）内动车组防溜办法由铁路局规定。

② 车辆防溜

a）车辆在车站停留时，应连挂在一起，拧紧两端车辆的人力制动机，并以铁鞋牢靠固定。特殊情况下分组停放时，应分别采取防溜措施。

b）一批作业中临时停留的车辆，须拧紧两端车辆的人力制动机或以铁鞋止轮。

c）调车作业实行"谁作业、谁防溜（撤除）"的原则，防溜措施的设置和撤除由调车人员（机车及自轮运转特种设备为司机，其他无调车人员的为设备使用单位人员）负责。

③ 机车及自轮运转特种设备在车站停留时，由司机负责将其保持制动（防溜）状态，并按规定采取止轮措施。

④ 施工路用车辆及自轮运转特种设备需在车站停留时，使用单位应派人负责看守。其他车辆在车站到发线停留时，由车站人员（车务应急值守人员或其他胜任人员）对其防溜措施进行检查、确认。

8. 防溜器具管理

（1）车站行车室必须配备足够良好的防溜器具，由车站值班员（车务应急值守人员）负责保管和交接。有关作业人员领取、使用、交回时，须办理登记交接手续，领取（交回）人与保管人共同清点数量、编号无误，确认状态良好后分别签认。

（2）车站值班员（车务应急值守人员）须在行车室对停留车及其防溜情况进行揭示。作业人员采取或撤除防溜措施后，应立即告知车站值班员（车务应急值守人员），一批作业结束后双方进行签认。

項目 5

普速列车运行

任务 5.1 列车运行组织的基本要求和规定

（1）列车是指编成的车列并挂有机车及规定的列车标志。动车组列车为自走行固定编组列车。

单机、大型养路机械及重型轨道车，虽未完全具备列车条件，亦应按列车办理。

旅客列车的尾部标志应使用电灯，动车组以外的旅客列车尾部标志灯的摘挂、保管，由车辆部门负责。对中途转向的动车组以外的旅客列车应有备用标志灯，以备转向时使用。

（2）特大桥梁、长大隧道、轮渡、装备区域联锁设备区段、装备列控设备区段、调度集中区段和重载列车、组合列车的特殊行车组织办法，由铁路局根据具体设备条件和作业组织需要规定。

（3）列车运行中，各有关作业人员应按规定执行车机联控。

（4）列车应设有列车乘务组。列车乘务组按下列规定组成：

① 动车组列车应有动车组司机，其他列车应有机车乘务人员；

② 动车组列车应有随车机械师，其他旅客列车、特快货物班列和机械冷藏车组，均应有车辆乘务人员；

③ 旅客列车应有客运乘务组。

（5）动车组以外的列车司机在列车运行中，应做到：

① 列车在出发前输入监控装置有关数据；按规定对列车自动制动机进行试验，在制动保压状态下列车制动主管的压力 1 min 内漏泄不得超过 20 kPa，确认列尾装置作用良好。

装备机车综合无线通信设备的机车，开车前司机要选定机车综合无线通信设备通信模式和运行线路。在 GSM-R 区段运行时，机车综合无线通信设备、GSM-R 手持终端按规定注册列车车次，并确认正确。

② 遵守列车运行图规定的运行时刻和各项允许及限制速度。彻底瞭望，确认信号，执行呼唤应答制度，严格按信号显示要求行车，确保列车安全正点。遇有信号显示不明或危及行车和人身安全时，应立即采取减速或停车措施。

③ 机车信号、列车无线调度通信设备、列车运行监控装置（轨道车运行控制设备）和列尾装置必须全程运转，严禁擅自关机。

运行途中，遇列尾装置、机车信号、列车运行监控装置（轨道车运行控制设备）发生故障时，司机应立即使用列车无线调度通信设备报告车站值班员或列车调度员，并根据实际情况掌握速度运行；遇机车信号、列车运行监控装置（轨道车运行控制设备）发生故障时，司机应控制列车运行至前方站停车处理或请求更换机车，在自动闭塞区间，列车运行速度不超过 20 km/h；遇列车无线调度通信设备发生故障时，司机应在前方站停车报告。

④ 起动稳，加速快，精心操纵，停车准确，按规定鸣笛，防止列车冲动和断钩。

⑤ 随时检查机车总风缸、制动主管的压力。检查内燃机车柴油机的润滑油压力、冷却水的温度及其转数等情况。注意电力机车的各种仪表的显示及接触网状态。

⑥ 在区间内列车停车进行防护、分部运行、装卸作业或使用紧急制动阀停车后再开车时，司机必须检查试验列车制动主管的贯通状态，确认列车完整，具备开车条件后，方可起动列车。

⑦ 单机、自轮运转特种设备在自动闭塞区间紧急制动停车或被迫停在调谐区内时，司机须立即通知后续列车司机、向两端站车站值班员（列车调度员）报告停车位置（具备移动条件时司机须先将机车移动不少于 15 m），并在轨道电路调谐区外使用短路铜线短接轨道电路。

⑧ 等会列车时，不准关闭空气压缩机，并应按规定显示列车标志。

⑨ 负责货运票据的交接与保管。

⑩ 将列车运行中发生的问题及使用紧急制动阀的情况，及时报告列车调度员。

（6）动车组列车司机在列车运行中，应做到：

① 开车前司机要选定机车综合无线通信设备通信模式和运行线路，机车综合无线通信设备、GSM-R 手持终端按规定注册列车车次，并确认正确。装备列车运行监控装置的动车组列车还应按规定输入监控装置有关数据。

② 遵守列车运行图规定的运行时刻和各项允许及限制速度。彻底瞭望，确认信号，执行呼唤应答制度，严格按信号显示要求行车，确保列车安全正点。遇有信号显示不明或危及行车和人身安全时，应立即采取减速或停车措施。

③ 机车信号、机车综合无线通信设备、列车运行监控装置、列控车载设备必须全程运转，严禁擅自关机、隔离。运行途中，遇机车信号、列车运行监控装置（列控车载设备）发生故障时，司机应立即报告车站值班员或列车调度员。动车组列车按列车运行监控装置方式行车时，遇机车信号、列车运行监控装置发生故障，应根据实际情况掌握速度运行，运行至前方站停车处理；在自动闭塞区间，机车信号、列车运行监控装置发生故障时，列车运行速度不超过 40 km/h。动车组列车按列控车载设备方式行车时，遇列控车载设备发生故障，应根据调度命令停车转为列车运行监控装置控车方式或隔离模式运行；转为隔离模式运行时，列车运行速度不超过 40 km/h。

④ 运行途中，司机不能使用机车综合无线通信设备进行通话时，应立即使用 GSM-R 手持终端或无线对讲设备报告车站值班员（列车调度员）；如 GSM-R 手持终端及无线对讲设备也不能进行通话，司机应在前方站停车报告。

⑤ 起动稳，加速快，精心操纵，停车准确，按规定鸣笛。

⑥ 注意操纵台各种仪表及车载信息监控装置的显示。

⑦ 正常情况在列车运行方向最前端司机室操纵，非操纵端司机室门、窗及各操纵开关、手柄均应置于断开或锁闭位。关闭非操纵端司机室机车综合无线通信设备电源。

⑧ 动车组列车停车后，必须使列车保持制动状态。更换动车组司机（同向换乘除外）或司机室操纵端、使用紧急制动停车、重联或解编后再开车时，必须进行相关试验。

⑨ 等会列车时，不准关闭辅助电源装置，并应按规定显示列车标志。

⑩ 将列车运行中发生的问题及使用紧急制动装置的情况，及时报告列车调度员。

（7）车辆乘务员、客运乘务组等列车乘务人员发现下列危及行车和人身安全情形时，应使用紧急制动阀（紧急制动装置）停车：

① 车辆燃轴或重要部件损坏；

② 列车发生火灾；

③ 有人从列车上坠落或线路内有人死伤；

④ 其他危及行车和人身安全必须紧急停车时。

使用车辆紧急制动阀时，不必先行破封，立即将阀手把向全开位置拉动，直到全开为止，不得停顿和关闭。遇弹簧手把时，在列车完全停车以前，不得松手。在长大下坡道上，必须先看制动主管压力表，如压力表指针已由定压下降 100 kPa 时，不得再行使用紧急制动阀（遇折角塞门关闭时除外）。

动车组列车遇上述情况时，随车机械师、客运乘务组等列车乘务人员应立即报告司机采取停车措施；来不及报告时，应使用客室紧急制动装置停车。

列车乘务人员应将使用紧急制动阀（紧急制动装置）的情况报告司机。

（8）遇天气恶劣，信号机显示距离不足 200 m 时，司机或车站值班员须立即报告列车调度员，列车调度员应及时发布调度命令，改按天气恶劣难以辨认信号的办法行车。

① 列车按机车信号的显示运行。当接近地面信号机时，司机应确认地面信号，遇地面信号与机车信号显示不一致时，应立即采取减速或停车措施。

② 当无法辨认出站（进路）信号机显示时，在列车具备发车条件后，司机凭车站值班员列车无线调度通信设备（其语音记录装置须作用良好）的发车通知起动列车，在确认出站（进路）信号机显示正确后，再行加速。

③ 天气转好时，应及时报告列车调度员发布调度命令，恢复正常行车。

（9）汛期暴风雨行车应急处理：

① 列车通过防洪重点地段时，司机要加强瞭望，并随时采取必要的安全措施。

② 当洪水漫到路肩时，列车应按规定限速运行；遇有落石、倒树等障碍物危及行车安全时，司机应立即停车，排除障碍并确认安全无误后，方可继续运行。

③ 列车遇到线路塌方、道床冲空等危及行车安全的突发情况时，司机应立即采取应急性安全措施，并立刻通知追踪列车、邻线列车及邻近车站。配备列车防护报警装置的列车应首先使用列车防护报警装置进行防护。

（10）车辆乘务人员应按技术作业过程的规定检查车辆，并参加制动试验。在列车运行途中，应监控车辆运用状态，及时处理车辆故障，并将本身不能完成的不摘车检修工作，预报前方站列检。前方站列检应积极组织人力修复车辆故障，保持原编组运用。是否摘车检修，由当地列检决定并处理。

车辆乘务员应配备列车无线调度通信设备及响墩、火炬、短路铜线、信号旗（灯）等防护用品，在值乘中还应做到：

① 列尾装置故障时，列车出发前、停车站进站前和出站后，应按规定与司机核对列车尾部风压；

② 列车发生紧急制动停车后，联系司机，检查车辆技术状态，可继续运行时通知司机开车；

③ 向司机通报使用紧急制动阀的情况，并协助司机处理有关行车事宜。

（11）随车机械师应按技术作业过程的规定检查动车组；在列车运行途中，应监控动车组设备技术状态，及时处理车辆故障，经处置确认无法正常运行时，通知司机选择维持运行或停车。随车机械师应配备 GSM-R 手持终端和无线对讲设备及响墩、火炬、短路铜线、信号旗（灯）等防护用品，在值乘中还应做到：

① 列车发生紧急制动停车后，联系司机，检查车辆技术状态，可继续运行时通知司机开车；

② 向司机通报使用紧急制动装置的情况，并协助司机处理有关行车事宜。

（12）双管供风旅客列车运行途中发生双管供风设备故障或用单管供风机车救援接续牵引，需改为单管供风时，双管改单管作业应在站内进行。旅客列车在区间发生故障需双管改单管供风时，由车辆乘务员通知司机向列车调度员（车站值班员）提出在前方站停车处理的请求，并通知司机以不超过 120 km/h 速度运行至前方站。列车调度员发布双管改单管供风的调度命令，车辆乘务员根据调度命令在站内将客车风管路改为单管供风状态。旅客列车改为单管供风跨局运行时，由铁路总公司发布调度命令通知有关铁路局，按单管供风办理，直至终到站。

（13）动车组列车运行中出现故障，司机应根据车载信息监控装置的提示，按步骤及时处理；需要由随车机械师处理时，司机应通知随车机械师。经处置确认无法正常运行时，司机应按车载信息监控装置的提示和随车机械师的要求，选择维持运行或停车等方式，并报告列车调度员。动车组运行中，轴承温度超过报警温度，或地面红外线预报热轴，经随车机械师根据车载轴温检测系统确认轴承温度超过报警温度时，均应立即停车请求处理。

（14）动车组列车重联后，本务端司机重新开启驾驶台，司机在列车运行监控装置（列控车载设备）、机车综合无线通信设备的人机界面上输入新列车数据和车次号。

重联动车组列车解编后，可对分解后的两列车分别组织同方向发车或背向发车。开车前司机必须重新输入列车数据和车次号。

（15）当未装备列车运行监控装置的动车组列车在 CTCS–0/1 级区段按机车信号模式运行时，列车按地面信号机显示行车，最高运行速度不超过 80 km/h。低于 80 km/h 的限速按调度命令执行，线路允许速度低于 80 km/h 的区段由司机控制列车运行速度。

（16）机车乘务组以外人员登乘机车时，除铁路机车运用管理规则指定的人员外，须凭登乘机车证登乘。登乘动车组司机室须凭动车组司机室登乘证。

登乘机车、动车组司机室的人员，在不影响乘务人员工作的前提下，经检验准许后方可登乘。

（17）列车运行限制速度规定见表 5–1。

表 5–1　列车运行限制速度表

项　　目	速　　度（km/h）
四显示自动闭塞区段通过显示绿黄色灯光的信号机	在前方第三架信号机前能停车的速度
通过显示黄色灯光的信号机及位于定位的预告信号机	在次一架信号机前能停车的速度
通过显示一个黄色闪光灯光和一个黄色灯光的信号机	该信号机防护进路上道岔侧向的允许通过速度
通过减速地点标	标明的速度，未标明时为 25
推进	30
退行	15
接入站内尽头线，自进入该线起	30

（18）动车组一般情况下不得通过半径小于 250 m 的曲线，通过曲线半径为 300 m 曲线时，限速 35 km/h；通过曲线半径为 250 m 曲线时，限速 30 km/h；特殊情况通过曲线半径为 200 m 曲线时，限速 25 km/h；通过 6 号对称双开道岔时限速 15 km/h；不得侧向通过小于 9 号的单开道岔和小于 6 号的对称双开道岔。

（19）动车组回送要求：

① 动车组回送按旅客列车办理，原则上采用自走行方式。无动力回送时可根据回送技术条件加挂回送过渡车，使用客运机车牵引，回送过渡车须挂于机后第一位。8 辆编组的动车组可两列重联回送。未装备列车运行监控装置的动车组需在 CTCS–0/1 级区段回送时，应采取无动力回送方式。

② 动车组回送运行时，须安排动车组司机及随车机械师值乘。有动力回送时，非担当区段应指派带道人员。

③ 动车组回送不进行客列检作业。

④ 动车组安装过渡车钩回送时，按规定限速运行，尽可能避免实施紧急制动。发生紧急制动后，本务司机必须通知随车机械师，经随车机械师检查过渡车钩状态良好后方可继续运行。

⑤ 动车组回送时，相关动车段（所）、造修单位应提出限速、回送方式（有动力、无动力）、可否折角运行等注意事项。

任务 5.2　行车闭塞的相关要求和规定

1. 一般要求

（1）列车运行是以车站、线路所所划分的区间及自动闭塞区间的通过信号机所划分的闭塞分区作间隔。

区间及闭塞分区的界限，按下列规定划分：

① 站间区间。

a）在单线上，车站与车站间以进站信号机柱的中心线为车站与区间的分界线；

b）在双线或多线上，车站与车站间分别以各该线的进站信号机柱或站界标的中心线为车站与区间的分界线。

② 所间区间。

两线路所间或线路所与车站间，以该线上的通过信号机柱的中心线为所间区间的分界线。设有进站信号机的线路所，所间区间的分界方法与站间区间相同。

③ 闭塞分区。

自动闭塞区间同方向相邻的两架色灯信号机间，以该线上的通过信号机柱的中心线为闭塞分区的分界线。

（2）车站均须装设基本闭塞设备。行车基本闭塞法采用下列三种：

① 自动闭塞；

② 自动站间闭塞；

③ 半自动闭塞。

电话闭塞法是当基本闭塞法不能使用时所采用的代用闭塞法。

原则上不使用隔时续行办法，如必须使用时，由铁路局规定。

（3）当基本闭塞法不能使用时，应根据列车调度员的命令采用电话闭塞法行车。遇列车调度电话不通时，闭塞法的变更或恢复，应由该区间两端站的车站值班员确认区间空闲后，直接以电话记录办理。列车调度电话恢复正常时，两端站车站值班员应及时向列车调度员报告。

（4）遇下列情况，应停止使用基本闭塞法，改用电话闭塞法行车：

① 基本闭塞设备发生故障导致基本闭塞法不能使用、自动闭塞区间内两架及以上通过信号机故障或灯光熄灭时；

② 无双向闭塞设备的双线区间反方向发车或改按单线行车时；

③ 发出由区间返回的列车，或发出挂有由区间返回后部补机的列车时；

④ 自动站间闭塞、半自动闭塞区间，由未设出站信号机的线路上发车，或超长列车头部越过出站信号机并压上出站方面轨道电路发车时；

⑤ 在夜间或遇降雾、暴风雨雪，为消除线路故障或执行特殊任务，开行轻型车辆时。

自动站间闭塞设备故障，半自动闭塞设备良好时，可根据调度命令改按半自动闭塞法行车。

（5）设有双向闭塞设备的自动闭塞区间，遇轨道电路发生故障等情况，需使用总辅助按钮改变闭塞方向时，车站值班员必须确认区间空闲后，根据列车调度员命令，使用总辅助按钮改变闭塞方向，并在《行车设备检查登记簿》内登记。

在半自动闭塞区间，遇接车站轨道电路发生故障，闭塞设备停电后恢复供电，列车因故退回原发车站等情况时，车站值班员确认列车整列到达后，根据列车调度员命令，使用故障按钮，办理人工复原，并在《行车设备检查登记簿》内登记。

（6）线路所和区间内设有辅助所的行车闭塞办法，由铁路局规定。

2. 自动闭塞

（1）使用自动闭塞法行车时，列车进入闭塞分区的行车凭证为出站或通过信号机显示的允许运行的信号。

自动闭塞区段的车站，办理发车前应向接车站预告；单线自动闭塞区段的车站，还须得到列车调度员的同意（列车调度员已下达列车运行调整计划时除外）。已向接车站预告，但列车不能出发时，发车站须通知接车站取消预告。

（2）自动闭塞区段遇下列情况发车的行车凭证见表5-2。

表 5-2 自动闭塞区段特殊情况行车凭证表

列车出发情况	行车凭证	发给行车凭证的依据	附带条件
1. 出站信号机故障时发出列车	绿色许可证（附件2）	1. 监督器表示第一个闭塞分区空闲，不表示时为接到前次列车到达邻站的通知或前次列车发出后不少于10 min 的时间 2. 确认道岔位置正确及进路空闲 3. 单线须取得对方站确认区间内无迎面列车的电话记录号码	从监督器上不能确认第一个闭塞分区空闲时，车站应发给司机书面通知（附件8），司机以在瞭望距离内能随时停车的速度，最高不超过20 km/h，运行到第一架通过信号机，按其显示的要求执行
2. 由未设出站信号机的线路上发出列车			
3. 超长列车头部越过出站信号机发出列车			
4. 发车进路信号机发生故障时发出列车		确认道岔位置正确及进路空闲	列车到达次一信号机按其显示的要求执行
5. 超长列车头部越过发车进路信号机发出列车			
6. 自动闭塞作用良好，监督器故障时发出列车	出站信号机显示的允许运行的信号		与邻站车站值班员及本站信号员联系
7. 双线双向闭塞设备的车站，反方向发出列车		1. 区间占用表示灯表示区间空闲 2. 双线反方向行车的调度命令	反方向发车进路表示器显示正确（进路表示器故障时通知司机）

注：在四显示区段，因设备不同，执行上述条款困难的，可按铁路局规定办理。

（3）自动闭塞区间通过信号机显示停车信号（包括显示不明或灯光熄灭）时，列车必须在该信号机前停车，司机应使用列车无线调度通信设备通知车辆乘务员（随车机械师）。停车等候 2 min，该信号机仍未显示允许运行的信号时，即以遇到阻碍能随时停车的速度继续运行，最高不超过 20 km/h，运行到次一通过信号机（进站信号机），按其显示的要求运行。在停车等候同时，必须与车站值班员、列车调度员联系，如确认前方闭塞分区内有列车时，不得进入。

　　装有容许信号的通过信号机，显示停车信号时，准许铁路局规定停车后起动困难的货物列车，在该信号机前不停车，按上述速度通过。当容许信号灯光熄灭或容许信号和通过信号机灯光都熄灭时，司机在确认信号机装有容许信号时，仍按上述速度通过该信号机。

　　装有连续式机车信号的列车，遇通过信号机灯光熄灭，而机车信号显示允许运行的信号时，应按机车信号的显示运行。

　　司机发现通过信号机故障时，应将故障信号机的号码通知前方站（列车调度员）。车站值班员（列车调度员）发现或得到区间通过信号机故障的报告后，在故障修复前，对尚未进入区间的后续列车，改按站间组织行车。

3. 自动站间闭塞

　　（1）使用自动站间闭塞法行车时，列车凭出站信号机或线路所通过信号机显示的允许运行的信号进入区间。

　　自动站间闭塞须与集中联锁设备结合使用，自动检查区间空闲，发车站办理发车进路后即自动构成站间闭塞。列车到达接车站或返回发车站并出清区间后，自动解除闭塞。

　　发车站在办理发车进路前，须确认区间空闲、接车站未办理同一区间的发车进路，并向接车站预告。发车站已向接车站预告，但列车不能出发时，在取消发车进路后，须通知接车站。

　　（2）自动站间闭塞的行车办法，由铁路局规定。

4. 半自动闭塞

　　（1）使用半自动闭塞法行车时，列车凭出站信号机或线路所通过信号机显示的允许运行的信号进入区间。

　　开放出站信号机或通过信号机前，双线区段必须得到前次列车到达前方站的到达信号；单线区段必须得到接车站的同意闭塞信号。

　　发车站办理闭塞手续后，列车不能出发时，应将事由通知接车站，取消闭塞。

　　（2）半自动闭塞区段，遇超长列车头部越过出站信号机而未压上出站方面的轨道电路发车时，行车凭证为出站信号机显示的允许运行的信号，并发给司机调度命令；遇发车进路信号机故障或超长列车头部越过发车进路信号机发车时，列车越过发车进路信号机的行车凭证为半自动闭塞发车进路通知书（《铁路技术管理规程（普速铁路部分）》附件9）。

5. 电话闭塞

　　（1）使用电话闭塞法行车时，列车占用区间的行车凭证为路票（《铁路技术管理规程（普速铁路部分）》附件1）。当挂有由区间返回的后部补机时，另发给补机司机路票副页。

　　单线或双线反方向发车（正方向首列发车）时，根据《行车日志》查明区间已空闲，并取得接车站承认的电话记录号码，在发车进路准备妥当后，方可填发路票。双线正方向发车（首列除外）时，根据收到的前次发出的列车到达的电话记录号码，在发车进路准备妥当后，即可填发路票。

　　（2）办理电话闭塞时，下列各项应发出电话记录号码，并记入《行车日志》：

　　① 承认闭塞；

　　② 列车到达，补机返回；

　　③ 取消闭塞；

　　④ 单线或双线反方向越出站界调车。

　　电话记录号码自每日0时起至24时止，按日循环编号，编号办法由铁路局规定。

（3）路票应由车站值班员或指定的助理值班员填写。

对于填写的路票，车站值班员应根据《行车日志》的记录，进行认真核对，确认无误，并加盖站名印后，方可送交司机。

双线反方向行车使用路票时，应在路票上加盖"反方向行车"章；两线、多线区间使用路票时，应在路票上加盖"××线行车"章。

6. 电话中断时的行车

（1）车站行车室内一切电话中断，单线行车按书面联络法，双线行车按时间间隔法，列车进入区间的行车凭证均为红色许可证（《铁路技术管理规程（普速铁路部分）》附件3）。

在双线自动闭塞区间，如闭塞设备作用良好时，列车运行仍按自动闭塞法行车，但车站与列车司机应以列车无线调度通信设备直接联系（说明车次及注意事项等）。如列车无线调度通信设备故障时，列车必须在车站停车联系。

（2）单线按书面联络法行车时，下列车站可以优先发车：

① 已办妥闭塞而尚未发车的车站。

② 未办妥闭塞时：

a）单线区间为发出下行列车的车站；

b）双线改为单线行车时，为该线原定发车方向的车站；

c）同一线路同一方向运行的列车，有上下行两种车次时，铁路局规定优先发车的车站。

第一个列车的发车权为优先发车的车站所有，如优先发车的车站没有待发列车时，应主动用附件3的通知书通知非优先发车的车站。非优先发车的车站，如有待发列车时，应在得到通知书以后方可发车。

第一个列车的发车站，在发车前应查明区间已空闲，并在《铁路技术管理规程（普速铁路部分）》附件3的通知书上记明下一个列车的发车权。如为本条第1项所规定的发车站发车时，持有行车凭证的列车，还应发给附件3的通知书；如无行车凭证，列车应持红色许可证开往邻站。以后开行的列车，均凭附件3的通知书上记明的发车权办理。

附件3的通知书，应采取最快的方法传送，优先方向车站如无开往区间的列车时，在确认区间空闲后，可使用重型轨道车或单机传送。

（3）双线按时间间隔法行车时，只准发出正方向的列车。非自动闭塞区间发出第一个列车时，在发车前应查明区间已空闲。

（4）一切电话中断后，连续发出同一方向的列车时，两列车的间隔时间，应按区间规定的运行时间另加3 min，但不得少于13 min。

（5）一切电话中断时，禁止发出下列列车：

① 在区间内停车工作的列车（救援列车除外）；

② 开往区间岔线的列车；

③ 须由区间内返回的列车；

④ 挂有须由区间内返回后部补机的列车；

⑤ 列车无线调度通信设备故障的列车。

（6）在一切电话中断时间内，如有封锁区间抢修施工或开通封锁区间时，由接到请求的车站值班员以书面通知封锁区间的相邻车站。

（7）单线区间的车站，经以闭塞电话、列车调度电话或其他电话呼唤5 min无人应答时，由列车调度员查明该站及其相邻区间确无列车（包括单机、大型养路机械及重型轨道车）后，可发布调度命令，封锁相邻区间，按封锁区间办法向不应答站发出列车。

该列车应在不应答站的进站信号机外停车，判明不应答原因及准备好进路后，再行进站。司机或车站值班员应将经过情况报告列车调度员。

任务 5.3　列车运行的其他规定

1. 接车与发车

（1）车站应不间断地接发列车，严格按列车运行图行车。接发列车时，车站值班员应亲自办理闭塞、布置进路（包括听取进路准备妥当的报告）、开闭信号、交接凭证、接送列车、发车。由于设备或业务量关系，除布置进路（包括听取进路准备妥当的报告）外，其他各项工作可指派助理值班员、信号员或扳道员办理。

车站值班员接到邻站列车预告后，按《站细》规定及时通知有关人员到岗接车，站内平过道应加强监护。

（2）车站值班员在办理闭塞时，应确认区间空闲。接车前，必须亲自或通过有关人员确认接车线路空闲、影响进路的调车作业已经停止后，方可准备进路、开放进站信号机，准备接车；发车前，必须亲自或通过有关人员确认影响进路的调车作业已经停止后，方可准备进路、开放出站信号机，交付行车凭证，在旅客上下、行包装卸和列检作业等完了后发车。

车站值班员下达准备接发车进路命令时，必须简明清楚，正确及时，讲清车次和占用线路（一端有两个及以上列车运行方向或双线反方向行车时，应讲清方向、线别），并要受令人复诵，核对无误。

接发列车时，按规定程序办理，并使用规定用语。

（3）扳道、信号人员在值班时应做到：

① 严格按照车站值班员的接发列车命令、调车作业计划，正确及时地准备进路。

② 在扳动道岔、操纵信号时，认真执行"一看、二扳（按）、三确认、四显示（呼唤）"制度；对进路上不该扳动的道岔，也应认真进行确认。

③ 接发列车进路准备完了后，及时报告车站值班员（能从设备上确认的除外）。

（4）下列情况，禁止办理相对方向同时接车和同方向同时发接列车：

① 进站信号机外制动距离内，进站方向为超过 6‰ 的下坡道，而接车线末端无隔开设备；

② 在接、发旅客列车的同时，接入列车运行监控装置或轨道车运行控制设备发生故障的列车、制动力部分切除的动车组列车而接车线末端无隔开设备。

相对方向不能同时接车时，应先接不适于在站外停车的列车、停车后起动困难的列车或后面有续行列车的列车。

遇两列车不能同时接发时，原则上应先接后发。

车站应将不能办理相对方向同时接车和同方向同时发接列车的情况纳入《站细》。

（5）车站值班员应严格按《站细》规定时机开闭信号机。如取消发车进路时，应先通知发车人员；如已开放信号或发车人员已通知司机发车，而列车尚未起动时，还应通知司机，收回行车凭证后，再取消发车进路。

（6）接发列车应在正线或到发线上办理，并应遵守下列原则：

① 旅客列车、挂有超限货物车辆的列车，应接入规定线路。

② 动车组列车在车站办理客运业务时，须固定股道、固定站台、固定停车位置。

③ 动车组列车、特快旅客列车通过时应在正线办理，其他通过列车原则上应在正线办理。

④ 原规定为通过的旅客列车由正线变更为到发线接车及动车组列车、特快旅客列车遇特殊情况必须变更基本进路时，须经列车调度员准许，并预告司机；如来不及预告时，应使列车在站外停车后，再开放信号机，接入站内。动车组列车遇特殊情况需变更办理客运业务的固定股道时，须经调度所值班主任（值班副主任）准许。

（7）车站值班员应保证有不间断接车的空闲线路。

正线上不应停留车辆（尽头式车站除外）。到发线上停留车辆时，须经车站值班员准许，在中间站并须取得列车调度员的准许方可占用，该线路的两端道岔应扳向不能进入的位置并加锁（装有轨道电路除外）。

（8）在站内无空闲线路的特殊情况下，只准许接入为排除故障、事故救援、疏解车辆等所需要的救援列车、不挂车的单机及重型轨道车。上述列车均应在进站信号机外停车，由接车人员向司机通知事由后，以调车手信号旗（灯）将列车领入站内。

（9）列车进站后，应停于接车线警冲标内方。在设有出站（进路）信号机的线路，列车头部不得越过出站（进路）信号机。

如列车尾部停在警冲标外方或压轨道绝缘时，车站接车人员应使用列车无线调度通信设备等通知司机或显示向前移动的手信号，使列车向前移动。

当超长列车尾部停在警冲标外方，接入相对方向的列车时，在进站信号机外制动距离内进站方向为超过6‰的下坡道，而接车线末端无隔开设备，须使列车在站外停车后，再接入站内。如在邻线上未设调车信号机，又无隔开设备，相对方向需要进行调车作业时，必须派人以停车手信号对列车进行防护。

（10）进站、接车进路信号机不能使用时，应开放引导信号。引导信号不能开放或无进站信号机时，应派引导人员接车。

引导接车时，列车以不超过 20 km/h 速度进站，并做好随时停车的准备。由引导人员接车时，应在引导员接车地点标处（未设的，引导人员应在进站信号机、进路信号机或站界标外方），显示引导手信号接车。列车头部越过引导信号，即可关闭信号或收回引导手信号。

在无联锁的线路上接发列车时，车站值班员除严格按接发列车手续办理外，并应将进路上无联锁的有关对向道岔及邻线上防护道岔加锁。进路上无联锁的分动外锁闭道岔无论对向或顺向，均应对密贴尖轨、斥离尖轨和可动心轨加锁。具体加锁办法，由铁路局规定。

（11）接发列车时，接发车人员应携带列车无线调度通信设备、持手信号旗（灯），站在规定地点接送列车，注意列车运行和货物装载状态。发现旅客列车尾部标志灯光熄灭时，通知车辆乘务员进行处理。在自动闭塞区段，通知不到时，应使列车停车处理。发现货物装载状态有异状时，及时处理；发现货物列车列尾装置丢失时，应报告列车调度员，使列车在前方站停车处理。

列车接近车站、进站和出站时，接发车人员应及时向车站值班员报告列车进出站的情况（能从设备上确认的除外）。

列车到达、发出或通过后，车站值班员应立即向邻站及列车调度员报点，并记入《行车日志》（设有计算机报点系统的按有关规定办理）。遇有超长、超限列车、制动力部分切除的动车组列车、单机挂车和货物列车列尾装置灯光熄灭等情况，应通知接车站。

（12）货物列车在站停车时，司机必须使列车保持制动状态（铁路局指定的凉闸站除外）。

发车前，司机施行缓解，确认发车条件具备后，方可起动列车。

（13）动车组列车由列车长确认旅客上下完毕后，通知司机关闭车门；列车进站停车时，司机按动车组停车位置标停车，确认列车停稳、对准停车位置后开启车门。按钮不在司机操作台上的，由列车长通知随车机械师关闭车门；列车到站停稳后，由随车机械师开启车门。如自动开关门装置故障或特殊情况需单独开关车门时，由司机通知列车工作人员手动开关车门。

动车组列车在车站出发，动车组列车司机在确认行车凭证和开车时间，车门关闭后，即可起动列车。

动车组以外的列车在车站发车前，有关人员应做到：

① 发车进路准备妥当，行车凭证已交付，出站（进路）信号机已开放，发车条件完备后，车站值班员（助理值班员）方可显示发车信号。

② 司机必须确认行车凭证及发车信号显示正确后，方可起动列车。

③ 语音记录装置良好的车站，准许使用列车无线调度通信设备发车。

（14）列车在站内临时停车，待停车原因消除且继续运行时，应按下列规定办理：

① 司机主动停车时，自行起动列车；

② 其他列车乘务人员使用紧急制动阀（紧急制动装置）停车时，由车辆乘务员（随车机械师）通知司机开车；

③ 车站接发车人员使列车在站内临时停车时，由车站按规定发车（动车组列车由车站通知司机开车）；

④ 其他原因的临时停车，车站值班员应组织司机、车辆乘务员（随车机械师）等查明停车原因，在列车具备运行条件后，由车站按规定发车（动车组列车由车站通知司机开车）。

上述第①、②、④项列车停车后，司机应立即报告车站值班员，并说明停车原因。

（15）进站、出站、进路及线路所通过信号机发生故障时，应置于关闭状态，进站信号机及线路所通过信号机发生不能关闭的故障时，应将灯光熄灭或遮住。在将灯光熄灭或遮住以及信号机灭灯时，于夜间应在信号机柱距钢轨顶面不低于 2 m 处，加挂信号灯，向区间方面显示红色灯光。

（16）出站信号机发生故障时，除按规定交递行车凭证外，对通过列车应预告司机，并显示通过手信号。装有进路表示器或发车线路表示器的出站信号机，当该表示器不良时，由办理发车人员通知司机后，列车凭出站信号机的显示出发。

2. 列车被迫停车后的处理

（1）列车在区间被迫停车不能继续运行时，司机应立即使用列车无线调度通信设备通知两端站（列车调度员）及车辆乘务员（随车机械师），报告停车原因和停车位置，根据需要迅速请求救援。需要防护时，列车前方由司机负责，列车后方由车辆乘务员（随车机械师）负责，无车辆乘务员（随车机械师）为列车乘务员负责。配备列车防护报警装置的列车应首先使用列车防护报警装置进行防护。单班单司机值乘的列车防护作业办法由铁路局规定。

如遇自动制动机故障，动车组以外的旅客列车司机应通知车辆乘务员立即组织列车乘务人员拧紧全列人力制动机，以保证就地制动；其他列车司机应立即采取安全措施，并向车站值班员（列车调度员）报告，请求救援。

对已请求救援的列车，不得再行移动，并按规定对列车进行防护。

车站值班员（列车调度员）接到司机通知后，应将区间内列车运行情况通知司机，并立即使用列车无线调度通信设备转告区间内有关列车。在停车原因消除前不得再放行追踪、续行列车。

需组织旅客疏散时，车站值班员得到列车调度员准许后，扣停邻线列车并通知司机，司机通知有关作业人员办理。

（2）列车被迫停车可能妨碍邻线时，司机应立即用列车无线调度通信设备通知邻线上运行的列车和两端站（列车调度员），并与车辆乘务员（随车机械师）分别在列车的头部和尾部附近邻线上点燃火炬；在自动闭塞区间，还应对邻线来车方向短路轨道电路。配备列车防护报警装置的列车应首先使用列车防护报警装置进行防护。司机应亲自或指派人员沿邻线一侧对列车进行检查，发现妨碍邻线时，应立即派人按规定防护。如发现邻线有列车开来时，应鸣示紧急停车信号。

单班单司机值乘的列车防护作业办法由铁路局规定。

车站值班员（列车调度员）接到列车被迫停车可能妨碍邻线的通知后，应立即通知邻线有关列车停车，在原因消除前不得向邻线放行列车。

（3）列车在区间被迫停车后，根据下列规定放置响墩防护：

① 已请求救援时，从救援列车开来方面（不明时，从列车前后两方面），距离列车不小于 300 m 处防护；

② 一切电话中断后发出的列车（持有附件 3 通知书 1 的列车除外），应于停车后，立即从列车后方按线路最大速度等级规定的列车紧急制动距离位置处防护；

③ 对于邻线上妨碍行车地点，应从两方面按线路最大速度等级规定的列车紧急制动距离位置处防护，如确知列车开来方向时，仅对来车方面防护；

④ 列车分部运行，机车进入区间挂取遗留车辆时，应从车列前方距离不小于 300 m 处防护。

防护人员设置的响墩待停车原因消除后可不撤除（运行动车组列车的区段除外）。

（4）在不得已情况下，列车必须分部运行时，司机应报告前方站（列车调度员），并做好遗留车辆的防溜和防护工作。司机在记明遗留车辆辆数和停留位置后，方可牵引前部车辆运行至前方站。在运行中仍按信号机的显示进行，但在半自动闭塞区间或按电话闭塞法行车时，该列车必须在进站信号机外停车（司机已报告前方站或列车调度员列车为分部运行时除外），将情况通知车站值班员后再进站。车站值班员应立即报告列车调度员封锁区间，待将遗留车辆拉回车站，确认区间空闲后，方可开通区间。

下列情况列车不准分部运行：

① 采取措施后可整列运行时；

② 对遗留车辆未采取防护、防溜措施时；

③ 遗留车辆无人看守时；

④ 司机与车站值班员及列车调度员均联系不上时；

⑤ 遗留车辆停留在超过 6‰ 坡度的线路上时。

（5）列车发生火灾、爆炸应急处理：

① 列车发生火灾、爆炸时，须立即停车（停车地点应尽量避开特大桥梁、长大隧道等，选择便于旅客疏散的地点），车站不再向区间放行列车，并通知邻线及后续相关列车停车。电气化区段，现场需停电时，应立即通知供电部门停电。

② 列车需要分隔甩车时，应根据风向及货物性质等情况而定。一般为先甩下列车后部的

未着火车辆，再甩下着火车辆，然后将机后未着火车辆拉至安全地段。

对甩下的车辆，在车站由车站人员负责采取防溜措施；在区间由司机、车辆乘务员负责采取防溜措施。

（6）列车（动车组列车除外）运行途中发生车辆故障应急处理：

① 发现客车车辆轮轴故障、车体下沉（倾斜）、车辆剧烈振动等危及行车安全的情况时，须立即采取停车措施。由车辆乘务员检查，对抱闸车辆应关闭截断塞门，排除工作风缸和副风缸中的余风，确认安全无误后，方可继续运行；如车轮踏面损坏超过限度或车辆故障不能继续运行时，应甩车处理。

② 列车调度员接到热轴报告后，应按热轴预报等级要求果断处理。必要时，立即安排停车检查（司机应采用常用制动，列车停车后由车辆乘务员负责检查，无车辆乘务员的由司机确认能否继续安全运行）或就近站甩车处理。

③ 遇客车安全监控系统报警或其他故障需要列车限速运行时，车辆乘务员应使用列车无线调度通信设备通知司机，司机根据要求限速运行并报告车站值班员（列车调度员）。

（7）在不得已情况下，列车必须退行时，车辆乘务员或随车机械师（无车辆乘务员或随车机械师时为指派的胜任人员）应站在列车尾部注视运行前方，发现危及行车或人身安全时，应立即使用紧急制动阀（紧急制动装置）或使用列车无线调度通信设备通知司机，使列车停车。

列车退行速度，不得超过 15 km/h。未得到后方站（线路所）车站值班员准许，不得退行到车站的最外方预告标或预告信号机（双线区间为邻线预告标或特设的预告标）的内方。

车站接到列车退行的报告后，除立即报告列车调度员外，根据线路占用情况，可开放进站信号机或按引导办法将列车接入站内。

下列情况列车不准退行：

① 按自动闭塞法运行时（列车调度员或后方站车站值班员确认该列车至后方站间无列车，并准许时除外）；

② 在降雾、暴风雨雪及其他不良条件下，难以辨认信号时；

③ 一切电话中断后发出的列车（持有《铁路技术管理规程（普速铁路部分）》附件 3 通知书 1 的列车除外）。

挂有后部补机的列车，除上述情况外，是否准许退行，由铁路局规定。

（8）动车组列车在区间被迫停车后须返回后方站时，车站值班员确认动车组列车至后方站间已空闲后，经列车调度员同意，通知司机返回。司机根据车站值班员的通知，在动车组列车运行方向（折返）前端操作，运行速度不得超过 40 km/h，按进站信号机显示进站。

3. 救援列车的开行

（1）车站值班员接到司机或工务、电务、供电等人员的救援请求后，应立即报告列车调度员。需封锁区间派出救援列车时，列车调度员应向有关车站发布命令封锁区间，并派出救援列车。

向封锁区间发出救援列车时，不办理行车闭塞手续，以列车调度员的命令，作为进入封锁区间的许可。

当列车调度电话不通时，应由接到救援请求的车站值班员根据救援请求办理，救援列车以车站值班员的命令，作为进入封锁区间的许可。

司机接到救援命令后，必须认真确认。命令不清、停车位置不明确时，不准动车。

救援列车进入封锁区间后，在接近被救援列车或车列 2 km 时，要严格控制速度，同时，使用列车无线调度通信设备与请求救援的机车司机进行联系，或以在瞭望距离内能够随时停车的速度运行，最高不得超过 20 km/h，在防护人员处或压上响墩后停车，联系确认，并按要求进行作业。

（2）救援列车的出发或返回，均应通知列车调度员及对方站。如事故现场设有临时线路所时，车站值班员应于发车前，商得线路所值班员的同意。

（3）采用机车救援动车组时，应进行制动试验。具备升弓取电条件时，允许动车组升弓取电。

（4）在事故调查组人员到达前，站长或胜任人员应随乘发往事故地点的第一列救援列车（分部运行时挂取遗留车辆的机车除外）到事故现场，负责指挥列车有关工作。

4. 施工及路用列车的开行

（1）凡影响行车的施工（特别规定的慢行施工除外）、维修作业，都必须纳入天窗，不得利用列车间隔进行。线路、桥隧、信号、通信、接触网及其他行车设备的施工、维修，力争开通后不降低行车速度。

（2）封锁施工时，施工负责人应确认已做好一切施工准备，按批准的施工计划（临时封锁区间抢修施工时除外），亲自或指派驻站联络员在车站《行车设备施工登记簿》内登记，按规定向车站或通过车站值班员向列车调度员申请施工。

封锁区间施工时，车站值班员根据封锁或开通命令，在信号控制台或规定位置上揭挂或摘下封锁区间表示牌。列车调度员应保证施工时间，并向施工区间的两端站、有关单位及施工负责人及时发出实际施工调度命令。施工负责人接到调度命令，确认施工起止时刻，设好停车防护后，方可开工，并保证在规定时间内完成。

施工单位及设备管理单位应严格掌握开通条件，经检查满足放行列车的条件，且设备达到规定的开通速度要求，办理开通登记后，通过车站值班员向列车调度员申请开通区间。如因特殊情况不能按时开通区间或不能按规定的开通速度运行时，应提前通知车站值班员，要求列车调度员延长时间或限速运行。

施工时，除本项施工外的车列或列车不得进入封锁区间。进入封锁区间的施工列车司机应熟悉线路和施工条件。

（3）施工封锁前，通过施工地点的最后一趟列车前进方向为不大于 6‰的上坡道时，列车调度员可根据施工负责人的请求，在调度命令中注明该次列车通过施工地点后即可开工（按自动闭塞法行车时可安排施工路用列车跟踪该次列车进入区间），列车到达前方站后，再封锁区间。上述命令应抄交司机，该列车不得后退。

（4）遇有施工又必须接发列车的特殊情况时，可按以下施工特定行车办法办理：

① 车站采用固定进路的办法接发列车。施工开始前，车站须将正线进路开通，并对进路上所有道岔按规定加锁（集中联锁良好的道岔可在控制台上进行单独锁闭）。有关道岔密贴的确认及具体的加锁办法，由铁路局规定。

② 引导接车并正线通过时，准许列车司机凭特定引导手信号的显示，以不超过 60 km/h 速度进站。

③ 准许车站不向司机递交书面行车凭证和调度命令。但车站仍按规定办理行车手续，并使用列车无线调度通信设备（其语音记录装置须作用良好）将行车凭证号码（路票为电话记

录号码、绿色许可证为编号）和调度命令号码通知司机，得到司机复诵正确后，方可显示通过手信号。列车凭通过手信号通过车站。

其他具体安全行车办法，由铁路局规定。

（5）向施工封锁区间开行路用列车时，列车进入封锁区间的行车凭证为调度命令。该命令中应包括列车车次、停车地点、到达车站的时刻等有关事项，需限速运行时在命令中一并注明。

向施工封锁区间开行路用列车，原则上每端只准进入一列，如超过时，其安全措施及运行办法由铁路局规定。

（6）路用列车应由施工单位指派胜任人员携带列车无线调度通信设备值乘，并在区间协助司机作业。路用列车或施工机械进入施工地段时，应在施工防护人员显示的停车手信号前停车，根据施工负责人的要求，按调车办法，进入指定地点。

（7）列车在区间装卸车时，装卸车负责人应指挥列车停于指定地点。装卸车完毕后，其负责人应负责检查装卸货物的装载、堆码状态，确认限界，清好道沿，关好车门，通知司机开车。

（8）凡影响行车的施工及故障地点的线路，均应设置防护。

未设好防护，禁止开工。线路状态未恢复到准许放行列车的条件，禁止撤除防护、放行列车。施工防护的设置与撤除，由施工负责人决定。

多个单位在同一个区间施工时，原则上应分别按规定进行防护，由施工主体单位负责划分各单位范围及分界。

（9）施工、维修及各种上道检查巡视作业，应严格遵守作业人员和机具避车制度，采取措施保证邻线列车和施工作业人员安全。

（10）在区间或站内线路、道岔上封锁施工作业时，施工单位在车站行车室设驻站联络员，施工地点设现场防护人员。驻站联络员和现场防护人员应由指定的、经过考试合格的人员担任。施工负责人可指派驻站联络员负责在车站办理施工封锁及开通手续，向施工负责人传达调度命令，通报列车运行情况，并向车站值班员传达开通线路请求。驻站联络员和现场防护人员在执行防护任务时，应佩戴标志，携带通信设备；现场防护人员还应携带必备的防护用品，随时观察施工现场和列车运行情况。发现异常情况时及时通报车站值班员和施工负责人。

驻站联络员应与现场防护人员保持联系，如联系中断，现场防护人员应立即通知施工负责人停止作业，必要时将线路恢复到准许放行列车的条件。

（11）在区间线路、站内线路、站内道岔上维修时，现场防护人员应站在维修地点附近、且瞭望条件较好的地点进行防护，在天窗内作业时，显示停车手信号。

维修作业应在车站与作业地点分别设驻站联络员和现场防护人员，并保持联系。

（12）凡上道使用涉及行车安全的养路机械、机具及防护设备，须符合有关技术标准，满足运用安全的要求。养路机械、机具及防护设备应专管专用，加强日常检修和定期检查，经常保持良好状态。状态不良的，禁止上道使用。

（13）在线间距不足 6.5 m 地段施工维修而邻线行车时，邻线列车应限速 160 km/h 及以下，并按规定设置防护。施工单位在提报施工计划时，应提出邻线限速的条件。

邻线来车时，现场防护人员应及时通知作业人员，机具、物料或人员不得在两线间放置或停留，并应与列车保持安全距离，物料应堆码放置牢固。

（14）线路备用轨料应在车站范围内码放整齐，线路两侧散落的旧轨料、废土废渣应及时清理。因施工等原因线路两侧临时摆放的轨料，要码放整齐，并进行必要的加固。有栅栏的地段要置于两侧的封闭栅栏内；需临时拆除封闭栅栏时，应设置临时防护设施并派人昼夜看守。

（15）在区间线路上施工时，使用移动停车信号的防护办法如下：

① 单线区间线路施工时，如图 5-1 所示。

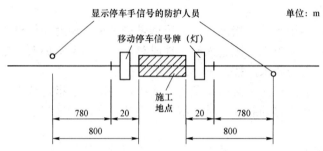

图 5-1　单线区间线路施工时，使用移动停车信号的防护办法

② 双线区间一条线路施工时，如图 5-2 所示。

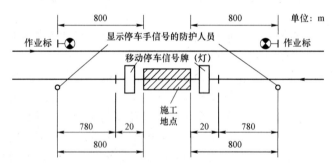

图 5-2　双线区间一条线路施工时，使用移动停车信号的防护办法

③ 双线区间两条线路同时施工时，如图 5-3 所示。

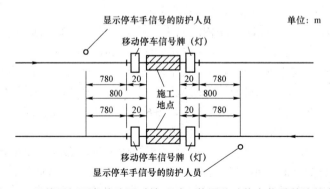

图 5-3　双线区间两条线路同时施工时，使用移动停车信号的防护办法

④ 作业地点在站外，距离进站信号机（反方向进站信号机）小于 820 m 时，如图 5-4
所示。

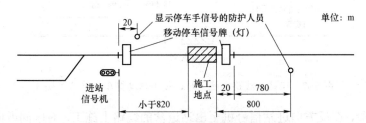

图 5-4　作业地点在站外，距离进站信号机（反方向进站信号机）小于 820 m 时，
使用移动停车信号的防护办法

现场防护人员应站在距施工地点 800 m 附近（见图 5-1～图 5-3），且瞭望条件较好的地
点显示停车手信号；施工作业地点在站外，距离进站信号机（反方向进站信号机）小于 820 m
时，现场防护人员应站在距进站信号机（反方向进站信号机）20 m 附近（见图 5-4）；在尽头
线上施工，施工负责人经与车站值班员联系确认尽头一端无列车、轨道车时，则尽头一端可
不设防护。

（16）在站内线路上施工时，使用移动停车信号防护，防护办法如下：

① 将施工线路两端道岔扳向不能通往施工地点的位置，并加锁或紧固，可不设置移
动停车信号牌（灯）。当施工线路两端道岔只能通往施工地点的位置时，在施工地点两端
各 50 m 处线路上，设置移动停车信号牌（灯）防护，如图 5-5 所示；如施工地点距离道
岔小于 50 m 时，在该端警冲标相对处线路上，设置移动停车信号牌（灯）防护，如图 5-6
所示。

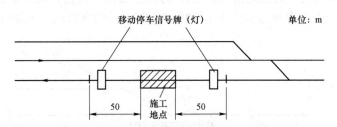

图 5-5　在站内线路上施工时，使用移动停车信号防护图 1

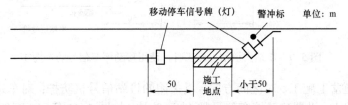

图 5-6　在站内线路上施工时，使用移动停车信号防护图 2

② 在进站道岔外方线路上施工，对区间方向，以关闭的进站信号机防护；对车站方向，
在进站道岔外方基本轨接头处（顺向道岔在警冲标相对处）线路上，设置移动停车信号牌（灯）

防护，如图5-7所示。

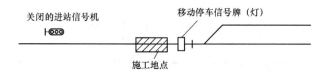

图5-7　在站内线路上施工时，使用移动停车信号防护图3

③　双线区段，在反方向进站信号机至出站道岔的线路上施工，对区间方向，以关闭的反方向进站信号机防护。对车站方向，在出站道岔外方基本轨接头处（对向道岔在警冲标相对处）线路上，设置移动停车信号牌（灯）防护，如图5-8所示。

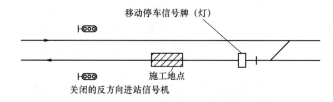

图5-8　在站内线路上施工时，使用移动停车信号防护图4

（17）在站内道岔上（含警冲标至道岔尾部线路、道岔间线路）施工时，使用移动停车信号防护，防护办法如下：

①　在站内道岔上施工，一端距离施工地点50 m，另一端两条线路距离施工地点50 m（距出站信号机不足50 m时，为出站信号机处），分别在线路上设置移动停车信号牌（灯）防护，如图5-9所示；如一端距离外方道岔小于50 m时，将有关道岔扳向不能通往施工地点的位置，并加锁或紧固。

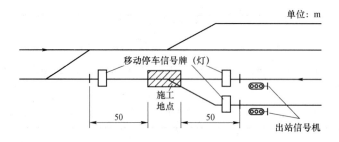

图5-9　在站内道岔上施工时，使用移动停车信号防护图1

②　在进站道岔上施工，对区间方向，以关闭的进站信号机防护；对车站方向，在距离施工地点50 m线路上，设置移动停车信号牌（灯）防护，如图5-10所示。距邻近道岔不足50 m时，在邻近道岔基本轨接头处设置移动停车信号牌（灯）防护，将有关道岔扳向不能通往施工地点的位置，并加锁或紧固。

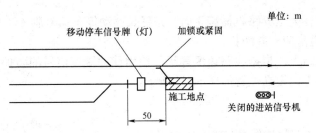

图 5-10　在站内道岔上施工时，使用移动停车信号防护图 2

③ 在出站道岔上施工，对区间方向，以关闭的反方向进站信号机防护；对车站方向，在距离施工地段不少于 50 m 线路上，设置移动停车信号牌（灯）防护，如图 5-11 所示。距邻近道岔不足 50 m 时，将有关道岔扳向不能通往施工地点的位置，并加锁或紧固。

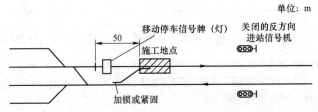

图 5-11　在站内道岔上施工时，使用移动停车信号防护图 3

④ 在交分道岔上施工，将有关道岔扳向不能通往施工地点的位置，并加锁或紧固，在距离施工地点两端 50 m 处线路上，设置移动停车信号牌（灯）防护，如图 5-12 所示。

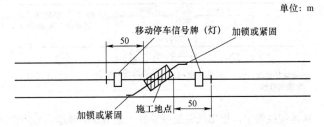

图 5-12　在站内道岔上施工时，使用移动停车信号防护图 4

⑤ 在交叉渡线的一组道岔上施工，一端在菱形中轴相对处线路上，另一端在距离施工地点 50 m 处线路上，分别设置移动停车信号牌（灯）防护，将有关道岔扳向不能通往施工地点的位置，并加锁或紧固，如图 5-13 所示。

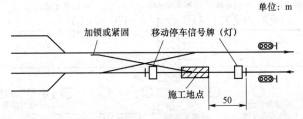

图 5-13　在站内道岔上施工时，使用移动停车信号防护图 5

⑥ 在道岔上进行大型养路机械施工时，如延长移动停车信号牌（灯）防护距离后占用其他道岔时，对相关道岔应一并防护。

（18）在区间线路上，根据线路速度等级，使用移动减速信号的防护办法如下：

① 单线区间施工，设立位置如图 5-14 所示。

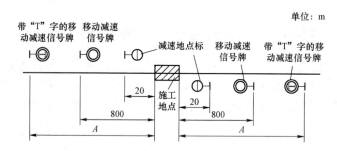

图 5-14　在区间线路上，根据线路速度等级，使用移动减速信号防护办法图 1

注：1. A 为不同线路允许速度的列车紧急制动距离（下同），详见本规程第 263 条第 27 表；

2. 允许速度 120 km/h<v<200 km/h 的线路，在移动减速信号牌（显示方式如图 5-15，下同）外方增设带"T"字的移动减速信号牌（显示方式如图 5-15，下同），以下同。

② 双线区间在一条线上施工，设立位置如图 5-15 所示。

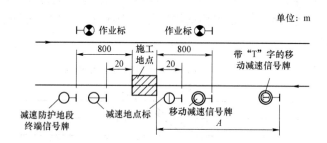

图 5-15　在区间线路上，根据线路速度等级，使用移动减速信号防护办法图 2

③ 双线区间两条线路同时施工，设立位置如图 5-16 所示。

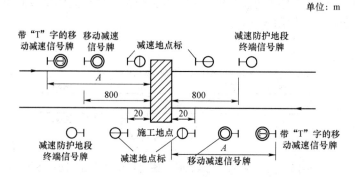

图 5-16　在区间线路上，根据线路速度等级，使用移动减速信号防护办法图 3

④ 施工地点距离进站信号机（或站界标）小于 800 m 时，设立位置如图 5-17 所示。

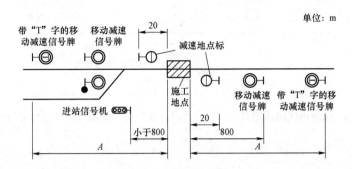

图 5-17　在区间线路上，根据线路速度等级，使用移动减速信号防护办法图 4

注：1. 当站内正线警冲标距离施工地点小于 800 m 时，按 800 m 设置移动减速信号牌；

　　2. 当站内正线警冲标距离施工地点大于或等于 A 时，不设置带"T"字的移动减速信号牌。

（19）在站内线路或道岔上，根据线路速度等级，使用移动减速信号的防护办法如下：

① 在站内正线线路上施工，当施工地点距进站信号机大于或等于 800 m 时，单线设立位置如图 5-18 所示，双线设立位置如图 5-19 所示。

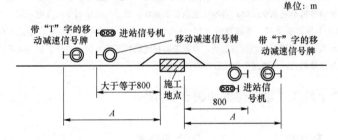

图 5-18　在站内线路或道岔上，根据线路速度等级，使用移动减速信号防护图 1

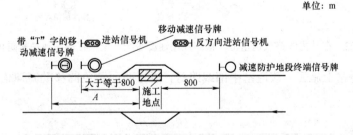

图 5-19　在站内线路或道岔上，根据线路速度等级，使用移动减速信号防护图 2

注：当施工地点距进站信号机不足 800 m 时，自施工地点起至 800 m 处区间线路列车运行方左侧，设移动减速信号牌防护；当施工地点距进站信号机大于或等于 A 时，不设置带"T"字的移动减速信号牌；当施工地点距反方向进站信号机不足 800 m 时，自施工地点起至 800 m 处区间线路列车运行方左侧，设减速防护地段终端信号牌；当施工地点距反方向进站信号机大于或等于 800 m 时，在反方向进站信号机处，设减速防护地段终端信号牌。

② 在站内正线道岔上施工，当施工地点距进站信号机大于或等于 800 m 时，单线设立位置如图 5-20 所示，双线设立位置如图 5-21 所示。

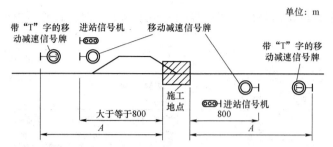

图 5-20　在站内线路或道岔上，根据线路速度等级，使用移动减速信号防护图 3

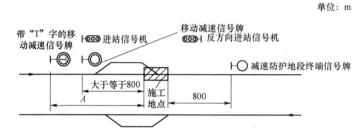

图 5-21　在站内线路或道岔上，根据线路速度等级，使用移动减速信号防护图 4

注：当施工地点距进站信号机不足 800 m 时，自施工地点起至 800 m 处区间线路列车运行方左侧，设移动减速信号牌防护；当施工地点距进站信号机大于或等于 A 时，不设置带 "T" 字的移动减速信号牌；当施工地点距反方向进站信号机不足 800 m 时，自施工地点起至 800 m 处区间线路列车运行方左侧，设减速防护地段终端信号牌；当施工地点距反方向进站信号机大于或等于 800 m 时，在反方向进站信号机处，设减速防护地段终端信号牌。

③　在站线线路上施工，设立位置如图 5-22 所示。

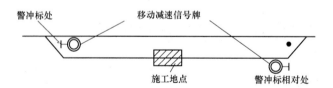

图 5-22　在站内线路或道岔上，根据线路速度等级，使用移动减速信号防护图 5

④　在站线道岔上施工，该道岔中部线路旁，设置两面黄色的移动减速信号牌，设立位置如图 5-23 所示。

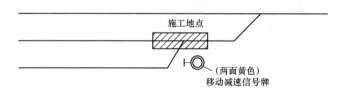

图 5-23　在站内线路或道岔上，根据线路速度等级，使用移动减速信号防护图 6

凡线间距离不足规定时，则应设置矮型（1 m 高）的移动减速信号牌。

在移动减速信号牌上，应注明规定的慢行速度。

（20）在区间线路上进行不影响行车的作业，不需要以停车信号或移动减速信号防护，应在作业地点两端 500～1 000 m 处列车运行方向左侧（双线在线路外侧）的路肩上设置作业标，设立位置如图 5-24 所示，显示方式如第 7-191 图所示。列车接近该作业标时，司机须长声鸣笛，注意瞭望。

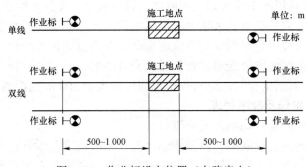

图 5-24　作业标设立位置（在路肩上）

5. 轻型车辆及小车的使用

（1）轻型车辆是指由随乘人员能随时撤出线路外的轻型轨道车及其他非机动轻型车辆。小车是指轨道检查仪、钢轨探伤仪、单轨小车、吊轨小车等。

轻型车辆仅限昼间封锁施工维修作业时使用，不按列车办理；在夜间或遇降雾、暴风雨雪时，仅限于消除线路故障或执行特殊任务时使用，但应按列车办理，此时轻型车辆必须有照明及停车信号装置。轻型轨道车过岔速度不得超过 15 km/h，区间运行最高速度不得超过 45 km/h，并不得与重型轨道车连挂运行。轻型轨道车连挂拖车时，不得推进运行。

小车不按列车办理。在昼间使用时，可跟随列车后面推行，但在任何情况下，都不得影响列车正常运行。夜间仅限于封锁施工维修时使用。160 km/h 以上的区段禁止利用列车间隔使用小车。

在双线地段，单轨小车应面对来车方向在外股钢轨上推行。

（2）使用轻型车辆时，须取得车站值班员对使用时间的承认，填发轻型车辆使用书（在区间用电话联系时，双方分别填写），并须保证在承认使用时间内将其撤出线路以外。

使用各种小车时，负责人应了解列车运行情况，按规定进行防护，并保证能在列车到达前撤出线路以外。在车站内使用装载较重的单轨小车时，须与车站值班员办理承认手续。

（3）使用轻型车辆及小车时，必须具备下列条件：

① 须有经使用单位指定的负责人和防护人员；

② 轻型车辆具有年检合格证；

③ 须有足够的人员，能随时将轻型车辆或小车撤出线路以外；

④ 须备有防护信号、列车运行时刻表、钟表及列车无线调度通信设备；

⑤ 轻型车辆应有制动装置（其他非机动轻型车辆根据需要安装）；牵引拖车时，连挂处应使用自锁插销，拖车必须有专人负责制动；

⑥ 在有轨道电路的线路或道岔上运行时，应设置绝缘车轴或绝缘垫。

（4）利用列车间隔在区间使用轻型车辆及小车时，应在车站登记，并设置驻站联络员，按下列规定防护：

① 轻型车辆运行中，须显示停车手信号，并注意瞭望。

② 在线路上人力推行小车时，应派防护人员在小车前后方向，按线路最大速度等级的列车紧急制动距离位置显示停车手信号，随车移动，如瞭望条件不良，应增设中间防护人员。

③ 在双线地段遇有邻线来车时，应暂时收回停车手信号，待列车过后再行显示。

④ 轻型车辆遇特殊情况不能在承认的时间内撤出线路，或小车不能立即撤出线路时，在轻型车辆或小车前后方向按线路最大速度等级规定的列车紧急制动距离位置以停车手信号防护，自动闭塞区段还应使用短路铜线短路轨道电路。在设置防护的同时，应立即使用列车无线调度通信设备报告车站值班员或通知列车司机紧急停车。

⑤ 小车跟随列车后面推行时，应与列车尾部保持大于 500 m 的距离。

6. 固定行车设备检修及故障处理

（1）影响设备使用的检修均纳入天窗进行。

在车站（包括线路所、辅助所）内及相邻区间、列车调度台检修行车设备，影响其使用时，事先须在《行车设备施工登记簿》内登记，并经车站值班员（列车调度员）签认或由扳道员、信号员取得车站值班员同意后签认（检修驼峰、调车场、货场等处不影响接发列车的行车设备时，签认人员在《站细》内规定），方可开始。

正在检修中的设备需要使用时，须经检修人员同意。检修完毕，检修人员应将其结果记入《行车设备施工登记簿》。

对处于闭塞状态的闭塞设备和办理进路后处于锁闭状态的信号、联锁设备，严禁进行检修作业。

（2）车站值班员发现或接到行车设备故障的报告后，应立即通知设备管理单位相关人员，并在《行车设备检查登记簿》内登记。

列车调度员发现或接到调度台行车设备故障的报告后，应立即通知设备管理单位相关人员，并在《行车设备检查登记簿》内登记。

设备管理单位应在《行车设备检查登记簿》内签认，尽快组织修复。对暂时不能修复的，应登记停用内容和影响范围，并注明行车限制条件。

（3）沿线工务人员发现线路设备故障危及行车安全时，应立即连续发出停车信号和以停车手信号防护，还应迅速通知就近车站和工长或车间主任，并采取紧急措施修复故障设备；如不能立即修复时，应封锁区间或限速运行。

车站值班员接到区间发生故障的报告后，应立即通知有关列车停车，并报告列车调度员。

必要时进入该区间的第一趟列车由工务部门的工长或车间主任随乘。列车在故障地点停车后继续运行时，应根据随乘人员的指挥办理。

（4）线路发生故障时的防护办法如下：

① 应立即使用列车无线调度通信设备通知车站值班员或列车司机紧急停车，同时在故障地点设置停车信号。

② 当确知一端先来车时，应急速奔向列车，用手信号旗（灯）或徒手显示停车信号。

③ 如不知来车方向，应在故障地点注意倾听和瞭望，发现来车，应急速奔向列车，用手信号旗（灯）或徒手显示停车信号。

设有固定信号机时，应先使其显示停车信号。

站内线路、道岔发生故障时，应按规定设置停车信号防护。

（5）设备维修人员发现信号、通信设备故障危及行车安全时，应立即通知车站，并积极设法修复；如不能立即修复时，应停止使用，同时报告工长、车间主任或电务段、通信段调度，并在《行车设备检查登记簿》内登记。

（6）铁路职工或其他人员发现设备故障危及行车和人身安全时，应立即向开来列车发出停车信号，并迅速通知就近车站、工务、电务或供电人员。

高速铁路列车运行

1. 高速铁路列车运行的一般要求；
2. 高速铁路行车闭塞；
3. 高速铁路接发列车；
4. 高速铁路列车运行；
5. 高速铁路跨线运行及限速管理；
6. 高速铁路非正常行车；
7. 高速铁路救援；
8. 高速铁路施工维修。

1. 了解高速铁路列车运行组织的基本要求；
2. 掌握高速铁路行车闭塞的一般要求，自动闭塞、自动站间闭塞、电话闭塞行车凭证的使用规定；
3. 掌握高速铁路接发列车、列车运行、车底回送、跨线运行、限速管理的有关规定；
4. 掌握高速铁路灾害天气行车、设备故障行车、非正常行车的相关规定；
5. 掌握高速铁路使用机车或救援列车救援、动车组救援动车组、启动热备动车组的有关规定；
6. 了解高速铁路施工维修的基本要求、施工维修防护基本知识，掌握设备故障及抢修、施工路用列车开行、确认高速铁路列车开行的有关规定。

任务 6.1 列车运行组织的规定

1. 行车闭塞

（1）列车运行是以车站、线路所所划分的区间及自动闭塞区间的通过信号机或区间信号标志牌所划分的闭塞分区作间隔。

区间及闭塞分区的界限，按下列规定划分：

① 站间区间。

a）在单线上，车站与车站间以进站信号机柱的中心线为车站与区间的分界线；

b）在双线或多线上，车站与车站间分别以各该线的进站信号机柱或站界标的中心线为车站与区间的分界线。

② 所间区间。

两线路所间或线路所与车站间，以该线上的通过信号机柱的中心线为所间区间的分界线。设有进站信号机的线路所，所间区间的分界方法与站间区间相同。

③ 闭塞分区。

自动闭塞区间同方向相邻的两架色灯信号机或区间信号标志牌间，以该线上的通过信号机或区间信号标志牌机柱的中心线为闭塞分区的分界线。

（2）车站均须装设基本闭塞设备。行车基本闭塞法采用下列二种：

① 自动闭塞；

② 自动站间闭塞。

电话闭塞法是当基本闭塞法不能使用时所采用的代用闭塞法。

（3）当基本闭塞法不能使用时，应根据列车调度员的命令采用电话闭塞法行车。

基本闭塞法停用按电话闭塞法行车时，动车组列车司机应根据调度命令将列控车载设备转为 LKJ 方式运行，未装备 LKJ 的动车组列车转为隔离模式运行。

（4）遇下列情况，应停止使用基本闭塞法，改用电话闭塞法行车：

① 基本闭塞设备发生故障导致基本闭塞法不能使用时；

② 自动站间闭塞区间，出站信号机故障且引导信号不能开放时发车。

（5）自动闭塞区间，遇轨道电路发生故障等情况，需使用总辅助按钮改变闭塞方向，由车站办理接发列车时，车站值班员确认区间空闲后，根据列车调度员命令，使用总辅助按钮改变闭塞方向，并在《行车设备检查登记簿》内登记；由列车调度员办理接发列车时，列车调度员确认区间空闲后，使用总辅助按钮改变闭塞方向，并在《行车设备检查登记簿》内登记。

（6）自动闭塞。

① 自动闭塞区段，正方向行车，列车按自动闭塞运行；反方向行车，列车按自动站间闭塞运行。

使用自动闭塞法行车，动车组列车在完全监控、引导或部分监控模式下运行时，行车凭证为列控车载设备显示的允许运行的速度值。动车组列车按 LKJ 方式运行及动车组以外的列车，在信号机常态点灯的区段，进入闭塞分区的行车凭证为出站或通过信号机显示的允许运行的信号；在信号机常态灭灯的区段，进入区间的行车凭证为出站信号机或线路所通过信号机显示的允许运行的信号，信号机应点灯。

调度集中区段，一个调度区段内可不办理发车预告手续。两相邻调度集中的调度区段间或调度集中区段车站（线路所）向非调度集中区段车站（线路所）发车时，由系统自动办理发车预告，遇设备故障无法自动办理时，人工办理发车预告（相邻调度区段列车运行调整计划一致时可不办理发车预告）。非调度集中区段车站（线路所）向调度集中区段车站（线路所）发车时，车站值班员应向列车调度员（车站控制时为车站值班员）办理发车预告。

② 在信号机常态点灯的 CTCS-2 级自动闭塞区段，特殊情况下办理发车的行车凭证规定见表 6-1；CTCS-3 级以及信号机常态灭灯的 CTCS-2 级自动闭塞区段，特殊情况下办理发

车的行车凭证规定见表 6-2。

表 6-1　信号机常态点灯的 CTCS-2 级自动闭塞区段特殊情况下办理发车的行车凭证表

序号	特殊情况	控车方式	行车凭证	发给行车凭证的依据	附带条件
1	出站信号机（线路所通过信号机）故障时发出列车	LKJ（GYK）控车	调度命令	1. 确认第一个闭塞分区空闲 2. 确认道岔位置正确及进路空闲	以不超过 20 km/h（动车组列车为不超过 40 km/h）速度运行至第一架通过信号机，按其显示的要求执行
2		隔离模式运行		1. 确认区间空闲 2. 确认道岔位置正确及进路空闲	以不超过 40 km/h 速度运行至前方站进站信号机（线路所通过信号机）
3	发车进路信号机故障时发出列车	LKJ（GYK）控车	调度命令	1. 确认发车进路空闲 2. 确认道岔位置正确	以不超过 20 km/h（动车组列车为不超过 40 km/h）速度运行至次一信号机
4		隔离模式运行			以不超过 40 km/h 速度运行至次一信号机
5	区间一架及以上通过信号机故障时发出列车	CTCS-2 级控车	列控车载设备显示的允许运行的速度值	确认区间空闲	
6		LKJ（GYK）控车	出站信号机（线路所通过信号机）显示的允许运行的信号		
7	反方向发出列车	CTCS-2 级控车	列控车载设备显示的允许运行的速度值	1. 确认区间空闲 2. 反方向行车的调度命令	
8		LKJ（GYK）控车	出站信号机（线路所通过信号机）显示的允许运行的信号		

表6-2 CTCS-3级以及信号机常态灭灯的CTCS-2级自动闭塞区段特殊情况下
办理发车的行车凭证表

序号	特殊情况	控车方式	地面信号机状态	行车凭证	发给行车凭证的依据	附带条件
1	开放引导信号发出列车	CTCS-3级控车 CTCS-2级控车	灭灯	列控车载设备显示的允许运行的速度值	1. 确认第一个闭塞分区空闲(发车进路信号机开放引导信号时,为确认至次一信号机间空闲) 2. 确认道岔位置正确及进路空闲	
2		LKJ(GYK)控车	点灯	出站信号机(发车进路信号机、线路所通过信号机)显示的允许运行的信号	1. 确认区间空闲(发车进路信号机开放引导信号时,为确认至次一信号机间空闲) 2. 确认道岔位置正确及进路空闲	
3	出站信号机(线路所通过信号机)故障且引导信号不能开放时发出列车	LKJ(GYK)控车	点灯	调度命令	1. 确认区间空闲 2. 确认道岔位置正确及进路空闲	以不超过40 km/h速度运行至前方站进站信号机(线路所通过信号机)
4		隔离模式运行				
5	发车进路信号机故障且引导信号不能开放时发出列车	LKJ(GYK)控车	点灯	调度命令	1. 确认发车进路空闲 2. 确认道岔位置正确	以不超过20 km/h(动车组列车为不超过40 km/h)速度运行至次一信号机
6		隔离模式运行				以不超过40 km/h速度运行至次一信号机
7	区间一个及以上闭塞分区轨道电路红光带时发出列车	CTCS-3级控车 CTCS-2级控车	灭灯	列控车载设备显示的允许运行的速度值	确认区间空闲	
8		LKJ(GYK)控车	点灯	调度命令	1. 确认区间空闲 2. 确认道岔位置正确及进路空闲	
9	反方向发出列车	CTCS-3级控车 CTCS-2级控车	灭灯	列控车载设备显示的允许运行的速度值	1. 确认区间空闲 2. 反方向行车的调度命令	
10		LKJ(GYK)控车	点灯	出站信号机(线路所通过信号机)显示的允许运行的信号		

（7）自动站间闭塞。

① 使用自动站间闭塞法行车，动车组列车在完全监控、引导或部分监控模式下运行时，行车凭证为列控车载设备显示的允许运行的速度值。动车组列车按 LKJ 方式运行及动车组以外的列车，进入区间的行车凭证为出站信号机或线路所通过信号机显示的允许运行的信号（在信号机常态灭灯的区段，信号机应点灯）。

自动站间闭塞须与集中联锁设备结合使用，自动检查区间空闲，发车站（线路所）办理发车进路后即自动构成站间闭塞。列车到达接车站（线路所）或返回发车站（线路所）并出清区间后，自动解除闭塞。

人工办理发车进路前，须确认区间空闲、接车站（线路所）未办理同一区间的发车进路。一个调度区段内可不办理发车预告手续。两相邻调度集中的调度区段间或调度集中区段车站（线路所）向非调度集中区段车站（线路所）发车时，应由系统自动办理发车预告，遇设备故障无法自动办理时，人工办理发车预告（相邻调度区段列车运行调整计划一致时可不办理发车预告）。非调度集中区段车站（线路所）向调度集中区段车站（线路所）发车时，车站值班员应向列车调度员（车站控制时为车站值班员）办理发车预告。

② 在信号机常态点灯的 CTCS–2 级自动站间闭塞区段，特殊情况下办理发车的行车凭证规定见表 6–3；CTCS–3 级以及信号机常态灭灯的 CTCS–2 级自动站间闭塞区段，特殊情况下办理发车的行车凭证规定见表 6–4。

表 6–3　信号机常态点灯的 CTCS–2 级自动站间闭塞区段特殊情况下办理发车的行车凭证表

序号	特殊情况	控车方式	行车凭证	发给行车凭证的依据	附带条件
1	出站信号机（线路所通过信号机）故障时发出列车	LKJ（GYK）控车	调度命令	1. 确认区间空闲 2. 确认道岔位置正确及进路空闲	以不超过 40 km/h 速度运行至前方站进站信号机（线路所通过信号机）
2		隔离模式运行			
3	发车进路信号机故障时发出列车	LKJ（GYK）控车	调度命令	1. 确认发车进路空闲 2. 确认道岔位置正确	以不超过 20 km/h（动车组列车为不超过 40 km/h）速度运行至次一信号机
4		隔离模式运行			以不超过 40 km/h 速度运行至次一信号机
5	反方向发出列车	CTCS-2 级控车	列控车载设备显示的允许运行的速度值	1. 确认区间空闲 2. 反方向行车的调度命令	
6		LKJ（GYF）控车	出站信号机（线路所通过信号机）显示的允许运行的信号		

表 6-4 CTCS-3 级以及信号机常态灭灯的 CTCS-2 级自动站间闭塞区段特殊情况下
办理发车的行车凭证表

序号	特殊情况	控车方式	地面信号机状态	行车凭证	发给行车凭证的依据	附带条件
1	开放引导信号发出列车	CTCS-3 级控车 CTCS-2 级控车	灭灯	列控车载设备显示的允许运行的速度值	1. 确认区间空闲(发车进路信号机开放引导信号时,为确认至次一信号机间空闲) 2. 确认道岔位置正确及进路空闲	
2		LKJ(GYK)控车	点灯	出站信号机(发车进路信号机、线路所通过信号机)显示的允许运行的信号		
3	出站信号机(线路所通过信号机)故障且引导信号不能开放时发出列车	LKJ(GYK)控车	点灯	调度命令	1. 确认区间空闲 2. 确认道岔位置正确及进路空闲	以不超过 40 km/h 速度运行至前方站进站信号机(线路所通过信号机)
4		隔离模式运行				
5	发车进路信号机故障且引导信号不能开放时发出列车	LKJ(GYK)控车	点灯	调度命令	1. 确认发车进路空闲 2. 确认道岔位置正确	以不超过 20 km/h(动车组列车为不超过 40 km/h)速度运行至次一信号机
6		隔离模式运行				以不超过 40 km/h 速度运行至次一信号机
7	反方向发出列车	CTCS-3 级控车 CTCS-2 级控车	灭灯	列控车载设备显示的允许运行的速度值	1. 确认区间空闲 2. 反方向行车的调度命令	
8		LKJ(GYK)控车	点灯	出站信号机(线路所通过信号机)显示的允许运行的信号		

(8)电话闭塞。

① 使用电话闭塞法行车时,列车占用区间的行车凭证为调度命令。

列车调度员办理发车时,应查明区间空闲,接车站(线路所)为车站控制或邻台列车调度员控制时,还应取得其承认的电话记录号码(双线正方向首列后发车为取得前次列车到达的电话记录号码）；在发车进路准备妥当后，方可发布作为行车凭证的调度命令。

车站值班员办理发车时，应查明区间空闲，并取得接车站（线路所）承认的电话记录号码，但双线正方向首列后发车为取得前次列车到达的电话记录号码（办理发车及接车的车站、线路所为同一车站值班员指挥时不办理电话记录号码），在发车进路准备妥当后，方可向列车调度员报告，请求发布作为行车凭证的调度命令。

② 办理电话闭塞时，下列各项应发出电话记录号码（办理发车及接车的车站、线路所为同一车站值班员或列车调度员指挥时除外），并做好记录：

a）承认闭塞；

b）列车到达；

c）取消闭塞。

电话记录号码自每日 0 时起至 24 时止，按日循环编号，编号办法由铁路局规定。

2. 接发列车

（1）动车组列车由列车长确认旅客上下完毕后，通知司机关闭车门；列车进站停车时，司机按动车组停车位置标停车，确认列车停稳、对准停车位置后开启车门。按钮不在司机操作台上的，由列车长通知随车机械师关闭车门；列车到站停稳后，由随车机械师开启车门。如自动开关门装置故障或特殊情况需单独开关车门时，由司机通知列车工作人员手动开关车门。

动车组列车在车站出发，动车组列车司机在确认行车凭证和开车时间，车门关闭后，即可起动列车。

动车组以外的其他列车在车站出发，司机确认行车凭证正确，发车条件完备后，直接起动列车；办理客运业务时，车站客运人员确认旅客乘降、上水、行包装卸完毕后，通过无线对讲设备通知司机，司机须得到车站客运人员的报告后，方可起动列车。

（2）车站应不间断地接发列车，严格按列车运行图行车。车站值班员办理接发列车（列车调度员人工办理接发列车）时，应亲自办理闭塞、布置进路（包括听取进路准备妥当的报告）、开闭信号、交接凭证。由于设备或业务量关系，车站值班员除布置进路（包括听取进路准备妥当的报告）外，其他各项工作可指派信号员或其他人员办理；列车调度员人工办理接发列车时，除办理闭塞、布置进路（包括听取进路准备妥当的报告）外，其他各项工作可指派车务应急值守人员或其他人员办理。

（3）人工办理进路接车前，必须亲自或通过有关人员确认接车线路空闲、影响进路的调车作业已经停止后，方可准备进路、开放进站信号机，准备接车；人工办理进路发车前，确认影响进路的调车作业已经停止后，方可准备进路、开放出站信号机，交付行车凭证。

下达准备接发车进路命令时，必须简明清楚，正确及时，讲清车次和占用线路（一端有两个及以上列车运行方向或双线反方向行车时，应讲清方向、线别），并要受令人复诵，核对无误。

（4）人工准备进路时，应严格按照接发列车命令、调车作业计划执行。

在扳动道岔、操纵信号时，认真执行"一看、二扳（按）、三确认、四显示（呼唤）"制度；对进路上不该扳动的道岔，也应认真进行确认。

其他人员接发列车进路准备完了后，应及时报告车站值班员或列车调度员（能从设备上确认的除外）。

（5）进站信号机外制动距离内，进站方向为超过 6‰ 的下坡道，而接车线末端无隔开设备时，禁止办理相对方向同时接车和同方向同时发接列车（仅运行动车组列车的区段除外）。

在接发列车的同时，接入列控车载设备及列车运行监控装置均故障的动车组列车、制动力部分切除的动车组列车、列车运行监控装置或轨道车运行控制设备故障的其他列车，而接车线末端无隔开设备时，禁止办理相对方向同时接车和同方向同时发接列车。

相对方向不能同时接车时，应先接不适于在站外停车的列车、停车后起动困难的列车或后面有续行列车的列车。

遇两列车不能同时接发时，原则上应按列车运行计划顺序接发。

（6）人工办理时，开放信号机的时机在高速铁路《行车组织细则》中规定。出站信号机已开放或行车凭证已交付，如需取消发车进路，列车调度员（车站控制时为车站值班员）应与司机联系，确认列车尚未起动，收回行车凭证后，再取消发车进路。

（7）接发列车应在正线或到发线上办理，并应遵守下列原则：

① 旅客列车应接入规定线路。

② 动车组列车在车站办理客运业务时，须固定股道、固定站台、固定停车位置。动车组列车遇特殊情况需变更办理客运业务的固定股道时，须经调度所值班主任（值班副主任）准许。

③ 通过列车原则上应在正线办理。原规定为通过的旅客列车由正线变更为到发线接车及动车组列车、特快旅客列车遇特殊情况必须变更基本进路时，须经列车调度员准许，并预告司机；如来不及预告时，应使列车在站外停车后，开放信号机，再接入站内。

④ 动车组列车按列控车载设备方式行车时，禁止在未设置列控信息的股道及进路上接发。

（8）在动车组列车运行时段内，特殊情况需开行路用、救援列车（利用动车组、单机担当救援时除外）时，列车调度员口头通知邻线会车范围内运行的动车组列车司机限速 160 km/h 运行。

（9）列车调度员（车站控制时为车站值班员）应保证有不间断接车的空闲线路。在站内无空闲线路的特殊情况下，只准许接入为排除故障、事故救援、疏解车辆等所需要的救援列车、不挂车的单机及重型轨道车。上述列车均应在进站信号机外停车，由列车调度员（车站控制时为车站值班员）指定的胜任人员向司机通知事由后，以调车手信号旗（灯）将列车领入站内。

（10）列车进站后，应停于接车线警冲标内方。在设有出站（进路）信号机的线路，列车头部不得越过出站（进路）信号机。

如列车尾部停在警冲标外方或压轨道绝缘时，列车调度员（车站控制时为车站值班员）应使用列车无线调度通信设备等通知司机，使列车向前移动。

（11）进站、接车进路信号机不能使用时，应使用引导信号。引导信号无法使用时，列车调度员应向司机发布调度命令，司机根据调度命令越过该信号机。

引导接车时，列车以不超过 20 km/h（动车组列车为不超过 40 km/h）速度进站，并做好随时停车的准备。

在无联锁的线路上接发列车时，除严格按接发列车手续办理外，并应将进路上无联锁的道岔及邻线上防护道岔加锁。进路上无联锁的分动外锁闭道岔无论对向或顺向，均应对密贴尖轨、斥离尖轨和可动心轨加锁。具体加锁办法，由铁路局规定。

（12）列车在站内临时停车，待停车原因消除且继续运行时，应按下列规定办理：

① 司机主动停车时，自行起动列车；

② 其他列车乘务人员使用紧急制动装置（紧急制动阀）停车时，由随车机械师（车辆乘务员）通知司机开车；

③ 列车调度员（车站值班员）使列车在站内临时停车时，由列车调度员（车站值班员）通知司机开车；

④ 其他原因的临时停车，列车调度员（车站值班员）应组织司机、随车机械师（车辆乘务员）等查明停车原因，在列车具备运行条件后，由列车调度员（车站值班员）通知司机开车。

上述第①、②、④项列车停车后，司机应立即报告列车调度员（车站值班员），并说明停车原因。

（13）在非正常情况下，集控站转为车站控制时，车务应急值守人员应报告站段指派胜任人员赶赴现场，协助做好非正常行车工作。

除因危及行车安全必须立即转换为非常站控外，列车调度员提出需转为非常站控时，须经调度所值班主任（值班副主任）准许。

转为非常站控时，车务应急值守人员和列车调度员须在《CTC 控制模式转换登记簿》（附件 3）内登记，记明转换的原因；车务应急值守人员与列车调度员核对设备状况、站内停留车情况、列车运行计划、邻站（线路所）控制模式及与本站（线路所）有关的调度命令等情况。转为非常站控后，应通知司机车站（线路所）转为非常站控。

转为非常站控的原因消除后，双方在《CTC 控制模式转换登记簿》（附件 3）内登记，并及时转回。

（14）动车组列车按隔离模式由车站（线路所）开往区间时，须按站间组织行车，列车按地面信号显示运行，待该列车到达前方站（线路所）后方可放行后续列车。

3. 列车运行

（1）列车在区间停车需下车处理时，列车调度员发布邻线列车限速 160 km/h 及以下的调度命令，限速位置按停车列车位置前后各 1 km 确定；司机在接到列车调度员已发布相关调度命令的口头指示后，通知有关作业人员办理。需组织旅客疏散时，必须扣停邻线列车；司机在接到列车调度员已扣停邻线列车的口头指示后，通知有关作业人员办理。

（2）列车（动车组列车按列控车载设备方式行车时除外）运行限制速度规定见表 6–5。

表 6–5　列车运行限制速度表

项　目	速　度（km/h）
四显示自动闭塞区段通过显示绿黄色灯光的信号机	在前方第三架信号机前能停车的速度
通过显示黄色灯光的信号机	在次一架信号机前能停车的速度
通过显示一个黄色闪光灯光和一个黄色灯光的信号机	该信号机防护进路上道岔侧向的允许通过速度
通过减速地点标	按运行揭示或行车调度命令执行，未收到命令时为 25
推进	30
退行	15
接入站内尽头线，自进入该线起	30

（3）动车组列车按隔离模式运行时，运行速度不超过 40 km/h。在越过接触网分相有困难的特殊情况下，列车调度员可根据司机请求发布调度命令，列车以不超过 80 km/h 的速度越过接触网分相。

（4）动车组一般情况下不得通过半径小于 250 m 的曲线，通过曲线半径为 300 m 曲线时，限速 35 km/h；通过曲线半径为 250 m 曲线时，限速 30 km/h；特殊情况通过曲线半径为 200m 曲线时，限速 25 km/h；通过 6 号对称双开道岔时限速 15 km/h；不得侧向通过小于 9 号的单开道岔和小于 6 号的对称双开道岔。

4. 跨线运行

（1）当未装备 LKJ 的动车组列车在 CTCS–0/1 级区段按机车信号模式运行时，列车按地面信号机显示运行，最高运行速度不超过 80 km/h。低于 80 km/h 的限速按调度命令执行，线路允许速度低于 80 km/h 的区段由司机控制列车运行速度。

（2）动车组列车在 CTCS–2 级区段与 CTCS–0/1 级区段级间自动转换失败时，司机应立即报告列车调度员（车站值班员），并按下述规定办理：

由 CTCS–2 级区段向 CTCS–0/1 级区段运行时，停车后根据调度命令手动转换。

由 CTCS–0/1 级区段向 CTCS–2 级区段运行时，可维持按 LKJ 方式继续运行。

（3）动车组列车在 CTCS–3 级区段与 CTCS–2 级区段级间自动转换失败时，司机应立即报告列车调度员（车站值班员），并按下述规定办理：

由 CTCS–3 级区段向 CTCS–2 级区段运行时，停车后手动转换。

由 CTCS–2 级区段向 CTCS–3 级区段运行时，维持 CTCS–2 级方式继续运行。

（4）高速铁路车站（线路所）向衔接的其他线路车站（线路所）发出列车时，有关行车凭证按高速铁路规定执行；高速铁路衔接的其他线路车站（线路所）向高速铁路车站（线路所）发出列车时，有关行车凭证按其他线路规定执行。

5. 车底回送

动车组回送要求：

① 动车组回送按旅客列车办理，原则上采用自走行方式。无动力回送时可根据回送技术条件加挂回送过渡车，使用客运机车牵引，回送过渡车须挂于机后第一位。8 辆编组的动车组可两列重联回送。未装备 LKJ 的动车组需在 CTCS–0/1 级区段回送时，应采取无动力回送方式。

② 动车组回送运行时，须安排动车组司机及随车机械师值乘。有动力回送时，非担当区段应指派带道人员。

③ 动车组回送不进行客列检作业。

④ 动车组安装过渡车钩回送时，按规定限速运行，尽可能避免实施紧急制动。发生紧急制动后，本务司机必须通知随车机械师，经随车机械师检查过渡车钩状态良好后方可继续运行。

⑤ 动车组回送时，相关动车段（所）、造修单位应提出限速、回送方式（有动力、无动力）、可否折角运行等注意事项。

任务 6.2　限 速 管 理

1. 临时限速管理

（1）需临时限速时，应由有关单位（人员）提出限速申请或由自然灾害及异物侵限监测系统报警提示。列车调度员应按规定发布临时限速调度命令，并设置列控限速（针对某一列车的限速除外）；来不及时，应立即通知司机限速运行，司机按列车调度员通知的限速要求控制列车运行。

（2）在同一处所（地段），当多个单位、自然灾害及异物侵限监测系统提出的限速要求不一致时，列车调度员按最低限速值发布临时限速调度命令。

（3）对于 24 h 内不能取消的临时限速，限速登记单位或设备管理单位应提出限速申请，报告主管业务处，由主管业务处审核后提交调度所发布运行揭示调度命令。列车调度员确认在途列车司机已收到该运行揭示调度命令后，方可不再向该列车司机发布临时限速调度命令。

（4）需变更已纳入运行揭示调度命令管理的限速时，设备管理单位应及时登记，同时向铁路局主管业务处提出新的限速条件或恢复常速申请，调度所根据主管业务处提出的申请，重新发布运行揭示调度命令。

2. 列控限速管理

（1）列控限速。

① 用于列车运行控制系统的限速设置（数据格式）称为列控限速。列控限速由列车调度员通过 CTC 进行设置或取消，并采用双重口令，由列控系统执行。

② 列控限速数据包括线路号、相关受令车站、限速位置、限速值、限速执行方式、限速开始和结束时间等，侧线列控限速应增加车站号信息。

③ 列控中心控制的每个有源应答器只管辖一定范围内的限速，限速区可以设置在区间、站内正线、站内侧线或区间跨站内正线。

（2）列控限速设置。

① 列控限速按档分为不同的限速等级，最低为 45 km/h。

② 设置列控限速时，应按照不高于限速值的原则选择相应限速等级进行设置，但低于 45 km/h 的限速按 45 km/h 设置。

③ 列控限速的设置和取消按规定流程办理。

（3）如调度命令的限速值低于列控车载设备显示的目标速度时，动车组列车司机应按调度命令控制列车运行。遇实际限速与运行揭示调度命令（临时限速调度命令）限速相符，而列控限速归档造成列控限速与运行揭示调度命令（临时限速调度命令）限速不符时，列车调度员不再向动车组列车司机发布临时限速调度命令。

（4）对低于 45 km/h 的限速，装备 LKJ 的动车组列车，限速命令已写入 IC 卡时，动车组列车司机应根据调度命令在限速地段前一站停车改按 LKJ 方式运行，司机按限速调度命令和 LKJ 设置控制列车通过限速地段；未写入 IC 卡时，动车组列车司机应根据限速调度命令人工控制列车通过限速地段。未装备 LKJ 的动车组列车，动车组列车司机应根据限速调度命令人工控制列车通过限速地段。

（5）列控限速设置不成功时的处理。

① 对装备 LKJ 的动车组列车，列控限速设置不成功时，列车调度员应关闭（车站控制时为通知车站值班员关闭）进入该限速地段前一站的出站信号，发布动车组列车改按 LKJ 方式行车的调度命令。司机在该站停车转换为 LKJ 方式，按以下方式运行：

a）动车组列车司机在出乘前已收到该限速的运行揭示调度命令时，列车调度员与司机核对限速的运行揭示调度命令无误后，方可放行列车，司机按运行揭示调度命令和 LKJ 设置控制列车运行速度，通过限速地段。

b）动车组列车司机在出乘前未收到该限速的运行揭示调度命令时，列车调度员应向司机发布限速调度命令（最高不超过 40 km/h），核对无误后，方可放行列车。司机按限速调度命令人工控制列车通过限速地段。

② 对未装备 LKJ 的动车组列车，列控限速设置不成功时，列车调度员应关闭（车站控制时为通知车站值班员关闭）进入该限速地段前一站的出站信号，向司机发布限速调度命令（最高不超过 40 km/h），核对无误后，方可放行列车。司机按限速调度命令人工控制列车通过限速地段。

任务 6.3　灾害天气行车、设备故障行车、非正常行车组织规定

1. 灾害天气行车

1）大风天气行车

（1）接到自然灾害及异物侵限监测系统风速监测子系统大风报警信息时的处置。

① 遇风速监测子系统提示大风报警信息时，列车调度员根据报警提示向相关列车发布限速运行的调度命令。对来不及发布调度命令的列车，立即通知司机限速运行。司机接到调度命令或通知后，应立即采取措施。

② 遇大风天气，当风速监测子系统发出禁止运行的报警信息时，列车调度员应及时关闭有关信号（车站控制时为通知车站值班员关闭有关信号）并通知司机停车。司机接到通知后，应立即采取停车措施。

③ 列车运行途中，遇大风，司机根据情况控制列车运行速度，并报告列车调度员。列车调度员通知后续首列列车司机在该地段注意运行；列车通过该地段后，司机应及时向列车调度员报告。

④ 遇大风天气，列车调度员按风速监测子系统报警提示发布限速调度命令，遇风速不稳或同一地段多处风速报警时，列车调度员可合并设置，按最低限速值发布限速调度命令。

⑤ 风速监测子系统限速报警解除后，列车调度员应及时取消前发限速调度命令，恢复正常行车。

（2）动车组列车遇大风行车限速的规定如下：

① 在环境风速不大于 15 m/s 时，可以正常速度运行；环境风速不大于 20 m/s 时，运行速度不大于 300 km/h；环境风速不大于 25 m/s 时，运行速度不大于 200 km/h；环境风速不大于 30 m/s 时，运行速度不大于 120 km/h；环境风速大于 30 m/s 时，严禁动车组列车进入风区。

② 在线路中心线距站台边缘为 1 750 mm 的正线、到发线办理动车组列车通过时，在环境风速不大于 15 m/s 情况下，速度不得超过 80 km/h；当环境风速超过 15 m/s 时，动车组运行速度不得超过 45 km/h，并注意运行。

（3）自然灾害及异物侵限监测系统风速监测子系统故障时的处置。

① 列车调度员发现风速监测子系统故障时，应立即通知设备管理单位，并在《行车设备检查登记簿》内登记；设备管理单位发现风速监测子系统故障时，应立即报告列车调度员，

并在调度所《行车设备检查登记簿》内登记。

② 风速监测子系统故障期间，故障区段如遇天气预报 7 级及以上大风天气时，工务部门应及时向列车调度员提交天气预报信息，列车调度员按照天气预报的最大风级向相关列车发布限速调度命令。相关限速规定如下：当最大风速达 7 级时，运行速度不大于 300 km/h；8 级、9 级时，运行速度不大于 200 km/h；10 级时，运行速度不大于 120 km/h；11 级及以上时，禁止列车进入风区。限速里程由工务部门根据故障情况以及天气预报信息确定后，通知列车调度员。

2）雨天行车

（1）接到自然灾害及异物侵限监测系统雨量监测子系统报警信息时的处置。

遇雨量监测子系统提示雨量监测报警信息时，列车调度员根据报警提示向相关列车发布限速运行的调度命令。对来不及发布调度命令的列车，立即通知司机限速运行。司机接到调度命令或通知后，应立即采取措施。

（2）列车通过防洪重点地段时，司机要加强瞭望，并随时采取必要的安全措施。动车组列车运行中，司机发现积水高于轨面时，应立即停车，根据现场情况与随车机械师共同确认行车条件或请求救援，并立即报告列车调度员（车站值班员），车站值班员报告列车调度员。列车调度员（车站值班员）立即通知已进入区间的后续列车停车（避免停在隧道内），不再向该区间放行列车。

当洪水漫到路肩时，列车应按规定限速运行；遇有落石、倒树等障碍物危及行车安全时，司机应立即停车，排除障碍并确认安全无误后，方可继续运行。

列车遇到线路塌方、道床冲空等危及行车安全的突发情况时，司机应立即采取应急性安全措施，并立刻通知追踪列车、邻线列车及列车调度员（邻近车站）。配备列车防护报警装置的列车应立即使用列车防护报警。

（3）遇有降雨天气，重点防洪地段 1 h 降雨量达到 45 mm 及以上时，列车限速 120 km/h；1 h 降雨量达到 60 mm 及以上时，列车限速 45 km/h。当 1 h 降雨量降至 20 mm 及以下、且持续 30 min 以上时，可逐步解除限速。

列车调度员在得到工务及其他相关专业调度台检查无异常的报告后，及时取消限速或解除线路封锁。

（4）自然灾害及异物侵限监测系统雨量监测子系统故障时的处置。

列车调度员发现雨量监测子系统故障时，应立即通知设备管理单位，并在《行车设备检查登记簿》内登记；设备管理单位发现雨量监测子系统故障时，应立即报告列车调度员，并在调度所《行车设备检查登记簿》内登记。雨量监测子系统故障期间，由工务部门根据降雨情况在调度所《行车设备检查登记簿》内登记限速或封锁。

3）冰雪天气行车

（1）遇冰雪天气时的处置。

① 自然灾害及异物侵限监测系统雪深监测子系统报警雪深值达到警戒值时，列车调度员应根据报警信息和限速提示及时向相关列车发布限速运行的调度命令。对来不及发布调度命令的列车，应立即通知司机限速运行。

未安装雪深监测子系统的区段或雪深监测子系统故障时，工务、电务部门根据降雪情况和需要，在调度所《行车设备检查登记簿》内登记限速申请，并可根据积雪量变化情况，提出提速或进一步限速的申请，列车调度员要及时发布调度命令。

②　安装动车组运行故障动态图像检测系统（TEDS）的区段，TEDS 监控中心要加强对动车组转向架结冰、积雪等情况的监测分析，发现动车组转向架结冰需限速运行时，应立即将车次及限速要求等按规定报告动车调度员。动车调度员通知列车调度员进行处置。

列车运行过程中，随车机械师发现动车组车底异响、动车组被击打等异常情况需要列车限速时，应立即通知司机限速。司机根据随车机械师的限速要求运行，并向列车调度员报告被击打地点里程，列车调度员不再发布限速调度命令。列车调度员通知动车调度员，提示后续首列列车司机、随车机械师在该被击打地点注意列车运行状态；动车调度员应立即通知前方 TEDS 监测点进行重点监测。列车通过该被击打地点后，司机、随车机械师应及时上报有关运行情况。

③　降雪时，应根据线路积雪情况及时启用道岔融雪装置。降雪达到中雪及以上，车站道岔转动困难时，为减少道岔振动，车站可采取固定接发车进路的方式办理接发列车作业，上下行各固定一条接发车进路。始发、终到列车较多的车站执行有困难时，可选择交叉干扰少、道岔位置改变少的几条线路相对固定办理接发车作业。在较大客运站，列车尽量停靠便于上水、吸污的线路。

④　需人工上道除雪时，上、下道应执行登记签认制度。列车调度员应根据相关单位的申请，停止本线接发列车及调车作业，邻线列车限速 160 km/h 及以下。

⑤　道床积雪、接触网结冰受电弓取流不畅时，司机应先采取减速措施，并及时向列车调度员汇报，列车调度员通知有关专业调度，专业调度及时通知有关设备管理单位，设备管理单位及时查明情况，按规定提出限速申请，列车调度员及时发布限速调度命令。

⑥　供电部门应掌握接触网导线结冰情况，需要列车限速时，应立即登记《行车设备检查登记簿》，向列车调度员提出限速申请。需要接触网除冰时，供电部门提出除冰申请，列车调度员应及时安排接触网除冰车辆上线运行。

遇接触网导线覆冰时，可取消天窗停电作业，并在天窗时间内开行动车组、单机，进行热滑融冰。

⑦　随车机械师在始发、折返站发现动车组转向架结冰、受电弓无法升起、动车组被击打等异常情况需要处理时，应及时通知司机，由司机报告列车调度员，列车调度员通知动车调度员，动车调度员根据随车机械师反映情况和车辆运用情况提出更换车底或限速申请，并组织入库动车组除雪融冰。

⑧　降雪结束后，提出限速的设备管理单位应做好对有关行车条件的检查确认，及时恢复常速运行。在具备提速条件或限速情况消除时，应向列车调度员提出申请，列车调度员及时发布相关调度命令。雪后恢复常速运行的具体程序和办法由铁路局规定。

⑨　列车调度员发现雪深监测子系统故障时，应立即通知设备管理单位，并在《行车设备检查登记簿》内登记；设备管理单位发现雪深监测子系统故障时，应立即报告列车调度员，并在调度所《行车设备检查登记簿》内登记。

（2）冰雪天气限速要求。

①　当运行区段降中雪或积雪覆盖轨枕板或道砟面时，无砟轨道区段限速 250 km/h 及以下，有砟轨道区段限速 200 km/h 及以下；当运行区段降大雪、暴雪时，无砟轨道区段限速 200 km/h 及以下，有砟轨道区段限速 160 km/h 及以下。中雪、大雪、暴雪的界定，以气象部门公布或观测为准。

当无砟轨道区段轨枕板积雪厚度达 100 mm 以上时，限速 200 km/h 及以下；有砟轨道区段道砟面积雪厚度 50 mm 以上时，限速 160 km/h 及以下。

② 接触网导线结冰受电弓取流不畅时，限速 160 km/h 及以下。

③ 动车组转向架结冰需要列车限速时，无砟轨道区段限速 250 km/h 及以下，有砟轨道区段限速 200 km/h 及以下。

4）异物侵限报警

（1）接到自然灾害及异物侵限监测系统异物侵限子系统灾害报警信息时的处置。

① 列车调度员接到异物侵限子系统异物侵限灾害报警信息后，应立即通知区间内已进入报警地点及尚未经过报警地点的列车立即停车，不再向该区间放行列车，同时向调度所值班主任（值班副主任）汇报，值班主任（值班副主任）应立即通知设备管理单位赶赴现场检查处理。

② 在设备管理单位检查人员到达报警点前，列车调度员通过视频监控系统查看现场情况，有异状或不能确认时，必须经设备管理单位检查处理并具备放行列车条件后，方可组织列车运行。无异状时，按下列规定办理：

a）列车调度员确认报警地点次一个闭塞分区空闲后，对区间内已进入报警地点及尚未经过报警地点的列车，口头通知司机逐列恢复运行，以遇到障碍能随时停车的速度（动车组列车最高不超过 40 km/h，其他列车最高不超过 20 km/h）越过报警点所在闭塞分区，指示后列恢复运行前必须确认前列已完整越过报警点次一个闭塞分区并得到前列无异状的报告。

b）司机在报警点所在闭塞分区通过信号机（区间信号标志牌）前停车等候 2 min 后，以遇到障碍能随时停车的速度（动车组列车最高不超过 40 km/h，其他列车最高不超 20 km/h）越过该闭塞分区，按次一通过信号机显示（列控车载设备显示）运行。司机应加强瞭望，发现异状立即停车，并报告列车调度员；如无异状，司机确认列车完全越过报警点次一个闭塞分区后应及时报告列车调度员。司机在停车等候的同时，必须与列车调度员联系，如确认前方闭塞分区内有列车时，不得进入。

c）区间空闲后，在报警点所在闭塞分区红光带取消前，按站间组织行车。

③ 经设备管理单位现场检查处理，列车调度员根据设备管理单位在《行车设备检查登记簿》内登记的行车限制条件组织列车运行。具备条件时，列车调度员根据设备管理单位允许取消报警点所在闭塞分区红光带的登记，使用临时行车按钮取消异物侵限灾害报警红光带。

④ 在故障未修复前，设备管理单位须派人在现场看守，并及时向列车调度员报告现场情况，在报警点所在闭塞分区红光带取消后，列车调度员应下达限速 120 km/h 及以下注意运行的调度命令，限速位置为报警点所在闭塞分区，司机应加强瞭望。

⑤ 故障修复后，列车调度员将自然灾害及异物侵限监测系统中复原按钮解锁，使系统恢复到正常状态，恢复正常行车组织。

（2）自然灾害及异物侵限监测系统异物侵限子系统一路电网断线报警时的处置。

当双电网的一路电网断线时，异物侵限子系统发出异物侵限传感器故障报警信息，自然灾害及异物侵限监测系统不向列控系统发送灾害报警信息，不影响正常行车。列车调度员接到异物侵限子系统一路电网断线报警信息后，应按正常组织行车，并立即通知设备管理单位检查处理。

（3）自然灾害及异物侵限监测系统异物侵限子系统故障导致系统不能反映现场情况时的处置。

① 列车调度员发现异物侵限子系统故障导致系统不能反映现场情况时，应立即通知设备

管理单位，并在《行车设备检查登记簿》内登记；设备管理单位发现异物侵限子系统故障时，应立即报告列车调度员，并在调度所《行车设备检查登记簿》内登记。

② 异物侵限子系统故障未修复前，设备管理单位须派人在现场看守，并及时向列车调度员报告现场情况，列车调度员应下达限速 120 km/h 及以下注意运行的调度命令，限速位置为监测点所在闭塞分区，司机应加强瞭望。遇有异物侵限时，看守人员应立即通知列车调度员，列车调度员呼叫列车停车。

③ 在看守人员未到达异物侵限监测点前，列车调度员应下达限速 120 km/h 及以下（异物侵限监测点为隧道口时，限速 40 km/h 及以下）注意运行的调度命令，限速位置为监测点所在闭塞分区，司机在该处注意运行。

5）地震监测报警

列车调度员接到地震监测子系统地震监控报警信息或接到现场地震报告后，应立即关闭有关信号（车站控制时为通知车站值班员关闭有关信号），通知相关列车停车。列车司机组织列车乘务人员根据现场实际情况，采取应急处置措施。

列车调度员立即报告调度所值班主任（值班副主任），通知工务、电务、供电、通信、房建等设备管理单位检查。设备管理单位检查处理后，根据设备管理单位登记的行车限制条件组织行车。

6）天气恶劣难以辨认信号行车

（1）接到天气恶劣报告时的处置。

遇天气恶劣，信号机显示距离不足 200 m 时，司机或车站值班员须立即报告列车调度员。列车按地面信号显示运行时，列车调度员应及时发布调度命令，改按天气恶劣难以辨认信号的办法行车。

（2）天气恶劣难以辨认信号行车办法：

① 列车按机车信号的显示运行。当接近地面信号机时，司机应确认地面信号，遇地面信号与机车信号显示不一致时，应立即采取减速或停车措施。

② 当无法辨认出站（进路）信号机显示时，在列车具备发车条件后，司机凭机车信号的显示起动列车，在确认出站（进路）信号机显示正确后，再行加速。

③ 天气转好时，应及时报告列车调度员发布调度命令，恢复正常行车。

2. 设备故障行车

1）列控车载设备不能正常使用

（1）动车组列车运行中遇列控车载设备故障并导致列车停车后，司机应报告列车调度员（车站值班员），并通知随车机械师。车站值班员报告列车调度员。司机转换冗余切换开关（开关不在司机室时，司机通知随车机械师进行转换）启动冗余设备或将列控车载设备断电 30 s 后重新启动，设备恢复正常时，报告列车调度员，继续运行。

（2）已在区间内运行的装备 LKJ 的动车组列车因列控车载设备故障，不能恢复正常运行但能提供机车信号时，司机应报告列车调度员（车站值班员），车站值班员报告列车调度员。在信号机常态点灯的 CTCS-2 级区段，列车调度员发布改按 LKJ 方式行车的调度命令，动车组列车改按 LKJ 方式运行。在 CTCS-3 级及信号机常态灭灯的 CTCS-2 级区段，列车调度员在确认该车至前方站（线路所）间空闲后，发布改按 LKJ 方式行车的调度命令，动车组列车改按 LKJ 方式运行。

（3）已在区间内运行的未装备 LKJ 的动车组列车列控车载设备故障，不能恢复正常运行时，司机应报告列车调度员（车站值班员），车站值班员报告列车调度员。列车调度员（车站值班员）不再向该区间放行列车，并通知已进入区间的后续列车立即停车。确认该列车至前方站（线路所）间空闲后，列车调度员发布改按隔离模式运行的调度命令，列车改按隔离模式，按地面信号显示以不超过 40 km/h 的速度运行至前方站（线路所）。该列车到达前方站（线路所）后，列车调度员方可通知后续列车恢复运行。

（4）动车组列控车载设备故障不能恢复正常运行在车站出发时，装备 LKJ 的动车组列车改按 LKJ 方式运行，未装备 LKJ 的动车组列车改按隔离模式运行。

（5）因设备故障，动车组列控车载设备在 CTCS–3 级与 CTCS–2 级间进行转换时，司机应报告列车调度员。

2）LKJ、GYK、机车信号故障

（1）动车组列车改按 LKJ 方式运行，在自动闭塞区间内遇机车信号或 LKJ 故障时，司机应报告列车调度员（车站值班员），车站值班员报告列车调度员。列车调度员（车站值班员）不再向该区间放行列车，并通知已进入区间的后续列车立即停车。列车调度员确认该列车至前方站（线路所）间空闲后通知司机，列车按地面信号显示以不超过 40 km/h 的速度运行至前方站（线路所）。该列车到达前方站（线路所）后，列车调度员方可通知后续列车恢复运行。

（2）按 LKJ 方式运行的动车组列车遇机车信号或 LKJ 故障在车站出发时，改按隔离模式运行。

（3）动车组以外的列车，在自动闭塞区间内运行遇机车信号或 LKJ（GYK）故障时，司机应立即报告列车调度员（车站值班员），车站值班员报告列车调度员。列车调度员（车站值班员）不再向该区间放行列车，并通知已进入区间的后续列车立即停车。列车调度员确认该列车至前方站（线路所）间空闲后通知司机，列车按地面信号显示以不超 20 km/h 的速度运行至前方站停车处理或更换机车。该列车到达前方站（线路所）后，列车调度员方可通知后续列车恢复运行。

3）CTC 故障

（1）列车车次号错误或丢失。

① 列车调度员发现 CTC 终端列车车次号错误或丢失时，应进行核对确认，重新输入正确的车次号。

② 车站值班员发现 CTC 终端列车车次号错误或丢失时，应报告列车调度员，与列车调度员核对确认后，重新输入正确的车次号。

（2）CTC 不能下达列车运行计划。

① CTC 不能下达列车运行计划时，列车调度员通知电务部门进行检查处理，并在《行车设备检查登记簿》内登记。

② 通知车站转为非常站控。

③ 采取电话等方式下达列车运行计划。

（3）CTC 不能自动触发进路时，列车调度员（车站控制时为车站值班员）应采取人工触发进路或人工排列进路方式办理，并通知电务部门进行处理，在《行车设备检查登记簿》内登记。

（4）当 CTC 设备登记停用或全站表示信息中断未及时恢复时，应转为非常站控。

（5）调度所及车站 CTC 设备均不能正确显示列车占用状态。

① 调度所及车站 CTC 设备均不能正确显示列车占用状态时，列车调度员应立即通知已

进入区间的列车司机立即停车，通知电务部门进行处理。

② CTC 设备不能正确显示列车占用状态故障暂时无法修复，具备放行列车条件时，列车调度员根据电务部门登记的行车限制条件放行列车，通知车站转为非常站控。对已进入区间的列车，列车调度员确认列车至前方站（线路所）间空闲后，通知列车司机逐列恢复运行，指示后列恢复运行前必须确认前列已完整到达前方站（线路所）。司机按信号显示运行，逐列运行至前方站（线路所）。区间空闲后，按站间组织行车。

③ CTC 设备不能正确显示列车占用状态故障修复，列车调度员根据电务部门的销记，通知有关列车司机恢复正常行车。

4）进站（出站、进路）信号机、线路所通过信号机故障或车站（线路所）道岔失去表示、轨道电路非列车占用红光带

（1）进站（接车进路）信号机故障或接车进路上道岔失去表示、轨道电路非列车占用红光带。

① 列车调度员（车站控制时为车站值班员）通知设备管理单位进行检查处理，在《行车设备检查登记簿》内登记。

② 设备故障修复，列车调度员（车站控制时为车站值班员）根据设备管理单位的销记，开放进站（接车进路）信号办理接车。

③ 设备故障暂时无法修复，具备放行列车条件时，列车调度员（车站控制时为车站值班员）根据设备管理单位登记的行车限制条件组织行车。

a）进站（接车进路）信号机引导信号能够开放时，在确认接车进路空闲、进路准备妥当后，开放引导信号办理接车。

b）进站（接车进路）信号机引导信号不能开放时，在确认接车进路空闲、进路准备妥当后，列车调度员发布准许越过该信号机的调度命令，司机凭调度命令越过该信号机。动车组列车在进站（接车进路）信号机前停车后，装备 LKJ 的动车组列车将列控车载设备隔离，按 LKJ 方式运行，速度不超过 40 km/h；未装备 LKJ 的动车组列车改按隔离模式进站停车。动车组以外的列车按 LKJ（GYK）方式运行，速度不超过 20 km/h。

（2）出站（发车进路）信号机故障或发车进路上道岔失去表示、轨道电路非列车占用红光带。

① 列车调度员（车站控制时为车站值班员）通知设备管理单位进行检查处理，在《行车设备检查登记簿》内登记。

② 设备故障修复，列车调度员（车站控制时为车站值班员）根据设备管理单位的销记，开放出站（发车进路）信号机办理发车。

③ 设备故障暂时无法修复，具备放行列车条件时，列车调度员（车站控制时为车站值班员）根据设备管理单位登记的行车限制条件组织行车。

a）出站信号机不能开放时：

（a）出站信号机引导信号能够开放时，在确认第一个闭塞分区空闲（CTCS–3 级及信号机常态灭灯的 CTCS–2 级自动闭塞区间对 LKJ 或 GYK 控车的列车和自动站间闭塞区间为确认区间空闲）和发车进路空闲，进路准备妥当后，开放引导信号办理发车。

（b）出站信号机未设引导信号或引导信号不能开放时，按以下方式办理发车：

在 CTCS–3 级及信号机常态灭灯的 CTCS–2 级自动闭塞区段，信号机应点灯，在确认区间空闲和发车进路空闲，进路准备妥当后，列车调度员发布准许进入区间的调度命令，司机

凭调度命令进入区间。装备 LKJ 的动车组列车将列控车载设备隔离，按 LKJ 方式运行至前方站进站信号机（线路所通过信号机），按其显示的要求执行；未装备 LKJ 的动车组列车改按隔离模式运行至前方站进站信号机（线路所通过信号机），按其显示的要求执行；动车组以外的列车按 LKJ（GYK）方式运行，运行至前方站进站信号机（线路所通过信号机），按其显示的要求执行。

在信号机常态点灯的 CTCS-2 级自动闭塞区段，确认第一个闭塞分区空闲（未装备 LKJ 的动车组列车为确认区间空闲）和发车进路空闲，进路准备妥当后，列车调度员发布准许进入区间的调度命令，司机凭调度命令进入区间。装备 LKJ 的动车组列车将列控车载设备隔离，按 LKJ 方式运行，以不超过 40 km/h 的速度运行至区间第一架通过信号机，按其显示的要求执行；未装备 LKJ 的动车组列车改按隔离模式运行至前方站进站信号机（线路所通过信号机），按其显示的要求执行；动车组以外的列车按 LKJ（GYK）方式运行，以不超过 20 km/h 的速度运行至区间第一架通过信号机，按其显示的要求执行。

自动站间闭塞区段，在确认区间空闲后，应停止使用基本闭塞法改按电话闭塞法行车，确认发车进路空闲和进路准备妥当后，发布调度命令，司机凭调度命令进入区间。装备 LKJ 的动车组列车（需将列控车载设备隔离）、动车组以外的列车，按 LKJ（GYK）方式运行至前方站进站信号机（线路所通过信号机），按其显示的要求执行；未装备 LKJ 的动车组列车改按隔离模式运行至前方站进站信号机（线路所通过信号机），按其显示的要求执行。

b）发车进路信号机不能开放时：

（a）发车进路信号机能开放引导信号时，在确认发车进路空闲和进路准备妥当后，开放引导信号办理发车。

（b）列车由车站开往区间，发车进路信号机未设引导信号或引导信号不能开放时，在确认发车进路空闲和进路准备妥当后，列车调度员发布准许越过该信号机的调度命令，司机凭调度命令越过该信号机。装备 LKJ 的动车组列车将列控车载设备隔离，按 LKJ 方式，以不超过 40 km/h 的速度运行至次一信号机前停车，转回列控车载方式控车；未装备 LKJ 的动车组列车改按隔离模式，运行至次一信号机前停车，转回列控车载方式控车；动车组以外的列车按 LKJ（GYK）方式，以不超过 20 km/h 的速度运行至次一信号机，按其显示要求执行。

④ 出站信号机不能开放时，除按规定交付行车凭证外，对通过列车应预告司机。装有进路表示器或发车线路表示器的出站信号机，当该表示器不良时，由列车调度员（车站控制时为车站值班员）通知司机；司机发现表示器不良时，应及时报告列车调度员（车站值班员）。

（3）线路所通过信号机故障或进路上道岔失去表示、轨道电路非列车占用红光带。

① 列车调度员（车站控制时为车站值班员）通知设备管理单位进行检查处理，在《行车设备检查登记簿》内登记。

② 设备故障修复，列车调度员（车站控制时为车站值班员）根据设备管理单位的销记，恢复正常组织行车。

③ 设备故障暂时无法修复，具备放行列车条件时，列车调度员（车站控制时为车站值班员）根据设备管理单位登记的行车限制条件组织行车。

a）线路所通过信号机引导信号能够开放时，在确认第一个闭塞分区空闲（CTCS-3 级及信号机常态灭灯的 CTCS-2 级自动闭塞区间对 LKJ 或 GYK 控车的列车和自动站间闭塞区间为确认区间空闲）和进路空闲，进路准备妥当后，开放引导信号办理行车。

b）线路所通过信号机引导信号不能开放，列车开往 CTCS-3 级及信号机常态灭灯 CTCS-2

级自动闭塞区间时，信号机应点灯，在确认区间空闲和进路空闲，进路准备妥当后，列车调度员发布准许越过该信号机的调度命令，司机凭调度命令越过该信号机。装备 LKJ 的动车组列车将列控车载设备隔离，改按 LKJ 方式运行，运行至前方站进站信号机（线路所通过信号机），按其显示的要求执行；未装备 LKJ 的动车组列车改按隔离模式运行，运行至前方站进站信号机（线路所通过信号机），按其显示的要求执行；动车组以外的列车按 LKJ（GYK）方式运行，运行至前方站进站信号机（线路所通过信号机），按其显示的要求执行。

线路所通过信号机引导信号不能开放，列车开往信号机常态点灯的 CTCS–2 级自动闭塞区间时，在确认区间第一个闭塞分区空闲（未装备 LKJ 的动车组列车为确认区间空闲）和进路空闲，进路准备妥当后，列车调度员发布准许越过该信号机的调度命令，司机凭调度命令越过该信号机。装备 LKJ 的动车组列车将列控车载设备隔离，按 LKJ 方式运行，以不超过 40 km/h 的速度运行至区间第一架通过信号机，按其显示的要求执行；未装备 LKJ 的动车组列车改按隔离模式运行，运行至前方站进站信号机（线路所通过信号），按其显示的要求执行；动车组以外的列车按 LKJ（GYK）方式运行，以不超过 20 km/h 的速度运行至区间第一架通过信号机，按其显示的要求执行。

线路所通过信号机引导信号不能开放，列车开往自动站间闭塞区间时，在确认区间空闲后，应停止使用基本闭塞法改按电话闭塞法行车，确认进路空闲和进路准备妥当后，发布调度命令，司机凭调度命令越过线路所通过信号机。装备 LKJ 的动车组列车（需将列控车载设备隔离）、动车组以外的列车，按 LKJ（GYK）方式运行至前方站进站信号机（线路所通过信号机），按其显示的要求执行；未装备 LKJ 的动车组列车改按隔离模式运行至前方站进站信号机（线路所通过信号机），按其显示的要求执行。

5）区间通过信号机故障或闭塞分区轨道电路非列车占用红光带（异物侵限报警红光带除外）

（1）列车调度员（车站值班员）发现及得到区间通过信号机故障或闭塞分区非列车占用红光带的信息时，列车调度员（车站值班员）应立即通知区间内已进入故障地点及尚未经过故障地点的列车司机立即停车，通知设备管理单位进行检查处理，并在《行车设备检查登记簿》内登记。车站值班员应立即报告列车调度员。设备管理单位未销记确认可以放行列车前，不得再向该区间放行列车。设备故障修复，列车调度员根据设备管理单位的销记，通知有关列车司机恢复正常行车。

（2）区间通过信号机（闭塞分区非列车占用红光带）故障暂时无法修复，具备放行列车条件时，根据设备管理单位登记的行车限制条件组织行车。待故障地点（发生两处及以上故障时，为运行方向第一故障地点）前的列车运行至前方站（线路所），对区间内已进入故障地点及尚未经过故障地点的列车，列车调度员确认列车至前方站（线路所）间空闲后，通知列车司机故障闭塞分区起止里程及防护该闭塞分区的通过信号机号码，逐列恢复运行至前方站（线路所），指示后列恢复运行前必须确认前列已完整到达前方站（线路所）。列车恢复运行时，司机在该闭塞分区通过信号机（区间信号标志牌）前停车等候 2 min 后，以遇到障碍能随时停车的速度，最高不超过 20 km/h（动车组列车不超 40 km/h），越过该闭塞分区，按次一通过信号机显示（列控车载设备显示）运行，司机应加强瞭望。司机在停车等候的同时，必须与列车调度员联系，如确认前方闭塞分区内有列车时，不得进入。区间空闲后，按站间组织行车。

6）站内轨道电路分路不良

（1）站内轨道电路出现分路不良时，电务部门检测确认后，由电务部门及时在车站、调度所《行车设备检查登记簿》内登记，并在 CTC 终端上进行标注。

（2）列车调度员（车站控制时为车站值班员）办理经由分路不良区段的进路时，执行以下规定：

① 办理进路前，列车调度员（车站值班员）必须亲自或指派其他人员（集控站为车务应急值守人员组织电务、工务人员）确认与进路有关的所有分路不良区段空闲后，方可准备进路，并将分路不良区段的道岔单独锁闭；列车（机车车辆）未全部出清轨道电路分路不良区段前，严禁操纵有关道岔及其防护道岔，不得解除分路不良区段道岔单独锁闭。

② 调车作业时，询问并得到调车人员或司机汇报机车车辆出清道岔轨道电路分路不良区段后，方可扳动道岔，开放信号。

③ 在轨道电路分路不良的股道上停放车辆时，必须对股道两端信号进行钮封。

④ 遇有列车（机车车辆）通过后进路漏解锁、光带不消失时，必须确认列车（机车车辆）已通过该区段后，方可对该区段进行人工解锁。

7）列车占用丢失

（1）区间列车占用丢失。

① 区间列车占用丢失报警或列车调度员（车站值班员）发现及得到区间列车占用丢失信息时，列车调度员（车站值班员）应立即通知已进入区间的后续列车立即停车。车站值班员应立即报告列车调度员。

② 列车调度员（车站值班员）联系占用丢失的列车司机，询问列车位置及现场情况，通知电务部门检查处理，在《行车设备检查登记簿》内登记。

③ 在电务部门未销记确认可以放行列车前，不得再向该区间放行列车。

④ 设备故障修复后，列车调度员根据电务部门的销记，通知有关列车司机恢复正常行车。

⑤ 设备故障暂时无法修复，占用丢失的列车运行无异常，具备放行列车条件时，根据电务部门登记的行车限制条件组织行车。对已进入区间的后续列车，列车调度员确认列车至前方站（线路所）间空闲后，通知司机逐列恢复运行，指示后列恢复运行前必须确认前列已完整到达前方站（线路所）。司机按信号显示运行，逐列运行至前方站（线路所）。区间空闲后，按站间组织行车。

（2）站内股道列车占用丢失。

① 站内股道列车占用丢失报警或列车调度员（车站控制时为车站值班员）发现及得到站内股道列车占用丢失信息时，应立即停止使用该故障区段。

② 列车调度员（车站值班员）联系占用丢失的列车司机，询问列车位置及现场情况，通知电务部门检查处理，在《行车设备检查登记簿》内登记。

③ 设备故障修复后，列车调度员（车站值班员）根据电务部门的销记，恢复正常行车。

④ 设备故障暂时无法修复时，经电务部门检查处理后，根据电务部门登记的行车限制条件组织行车。

8）列车无线调度通信设备故障

（1）FAS（固定用户接入交换机）故障。

① 调度台 FAS 均故障。

a）列车调度员通知通信部门检查处理，在《行车设备检查登记簿》内登记。

b）列车调度员指示车务应急值守人员转为车站控制办理行车。

c）设备故障修复后，列车调度员根据通信部门在《行车设备检查登记簿》内的销记，恢复设备正常使用和正常行车组织。

② 车站 FAS 故障。

a）车站值班员（车务应急值守人员）通知通信部门检查处理，在《行车设备检查登记簿》内登记，报告列车调度员。

b）车站值班员（车务应急值守人员）使用 GSM–R 手持终端或有语音记录装置的自动电话办理行车通话。

c）故障修复后，车站值班员（车务应急值守人员）根据通信部门在《行车设备检查登记簿》内的销记，恢复设备正常使用。

（2）GSM–R 故障。

① 列车调度员（车站值班员）得到 GSM–R 故障的报告后，应立即通知通信部门检查处理，在《行车设备检查登记簿》内登记。车站值班员接到报告后应及时报告列车调度员，列车调度员报告调度所值班主任（值班副主任）。

② 根据通信部门在《行车设备检查登记簿》内登记的停用内容、影响范围及行车限制条件，按下列规定办理：

a）GSM–R 故障导致 CTCS–3 级降为 CTCS–2 级时，按 CTCS–2 级行车。

b）影响调度命令无线传送功能时，向司机发布的调度命令，按规定采用列车无线调度通信设备发布、转达或采用人工书面交递方式。

c）遇无进路预告信息，司机须报告列车调度员（车站值班员），列车由正线通过改为侧线接车时，列车调度员（车站控制时为车站值班员）应提前预告司机。

③ 设备故障修复后，列车调度员（车站值班员）根据通信部门在《行车设备检查登记簿》内的销记，恢复设备正常使用。

（3）机车综合无线通信设备故障。

① 司机报告列车调度员（车站值班员），车站值班员报告列车调度员。

a）影响调度命令无线传送功能时，向司机发布的调度命令，按规定采用列车无线调度通信设备发布、转达或采用人工书面交递方式。

b）遇无进路预告信息，司机须报告列车调度员（车站值班员），列车由正线通过改为侧线接车时，列车调度员（车站控制时为车站值班员）应提前预告司机。

c）机车综合无线通信设备不能通话时，司机应立即使用 GSM–R 手持终端报告列车调度员（车站值班员）。如 GSM–R 手持终端也不能进行通话时，司机应在前方站停车报告；机车综合无线通信设备或 GSM–R 手持终端修复（更换）后，方准继续运行。

② 设备故障修复后，恢复设备正常使用。

（4）列车调度员、车站值班员因无线通信设备故障，均无法与司机取得联系。

① 不得向区间放行列车。

② 列车调度员（车站值班员）通知通信部门检查处理，在《行车设备检查登记簿》内登记。

③ 通信部门抢修完毕后，列车调度员根据通信部门在《行车设备检查登记簿》内的销记，恢复正常行车组织。

9）接触网停电

（1）遇接触网停电时，司机应立即停车并降弓，报告列车调度员（车站值班员）停车原因及停车位置，通知随车机械师（车辆乘务员）、列车长，车站值班员报告列车调度员。供电调度员发现接触网停电时，应立即确认停电范围并通知列车调度员。

（2）列车调度员（车站值班员）接到接触网停电的报告后，应立即扣停未进入停电区域的相关列车，对已进入停电区域的列车应通知司机停车。列车调度员应立即通知供电调度员确认停电范围，通知供电部门检查处理，在 CTC 上设置停电标识。

（3）电力机车牵引的旅客列车因接触网停电在区间停车后，司机应采取保压措施，长时间停车风压不足时，司机通知车辆乘务员组织客运乘务组拧紧全列人力制动机。

（4）接触网跳闸重合或送电成功，原因不明时，供电调度员应立即将接触网跳闸情况、故障标定装置指示地点的里程及限速要求通知列车调度员。列车调度员立即向尚未经过该地点的本线及邻线首列列车发布口头指示限速 80 km/h 注意运行，限速位置原则上按故障标定装置指示地点前后各 2 km 确定。司机应注意观察接触网设备状态，发现影响行车异常情况时应立即停车并向列车调度员报告，列车调度员立即通知尚未经过异常地点的后续列车停车，不得再向该区间放行列车，并立即通知供电部门检查处理，列车调度员按供电部门登记的行车限制条件组织行车；无异常时，司机在通过限速地点后立即向列车调度员报告。列车调度员根据本线司机确认本线无异常的报告组织本线后续列车正常运行，根据邻线司机确认邻线无异常的报告组织邻线后续列车正常运行。

同时，供电调度员应立即组织供电人员登乘本线或邻线列车巡视检查设备。供电人员根据需要及时向列车调度员提出利用动车组列车运送人员处理故障的申请，列车调度员应及时安排。

10）接触网上挂有异物

（1）司机在运行中发现本线或邻线接触网上挂有异物时，应立即采取措施并向列车调度员（车站值班员）汇报异物情况和故障地点，列车调度员（车站值班员）及时通知供电部门检查处理，在《行车设备检查登记簿》内登记，车站值班员报告列车调度员。列车调度员转报供电调度员。

（2）本线挂有异物时，如异物情况不影响行车，司机按正常行车方式通过。本线降弓可以通过时，司机按降弓方式通过该地点，列车调度员向该线后续列车发布限速 160 km/h 降弓通过故障地点的调度命令（不设置列控限速），限速降弓位置原则上按司机汇报故障地点前后各 2 km 确定。不能降弓通过时司机应立即停车并报告，列车调度员（车站值班员）应立即通知本线后续列车停车，不得再向该区间放行列车。

（3）邻线挂有异物时，如司机汇报邻线异物不能降弓通过，列车调度员（车站值班员）应立即通知邻线尚未经过该地点的列车停车，不得再向邻线该区间放行列车。如司机汇报邻线异物可降弓通过或异物情况不影响行车，邻线按第（2）条规定执行。

如司机汇报不能确定异物是否影响邻线行车，列车调度员应立即向邻线尚未经过该地点的首列列车司机发布口头指示限速 80 km/h 注意运行，限速位置原则上按司机汇报故障地点前后各 2 km 确定。司机应注意观察接触网设备状态。根据该司机确认情况，后续处理按第（2）条规定执行。

（4）供电调度员接到报告后，应立即组织供电人员登乘本线或邻线列车巡视检查设备并处理。供电人员根据需要及时向列车调度员提出利用动车组列车运送人员处理故障的申请，列车调度员应及时安排。

供电部门检查处理后，列车调度员按供电部门登记的行车限制条件组织行车。故障处理完毕后，列车调度员根据供电部门在《行车设备检查登记簿》内的销记，恢复正常行车组织。

11）受电弓挂有异物

（1）列车运行途中，司机接到受电弓挂有异物通知时，应立即降弓、停车，向列车调度员（车站值班员）报告，车站值班员报告列车调度员。需下车检查或登顶作业时，司机（动车组列车为随车机械师通过司机）及时向列车调度员提出请求。

（2）列车调度员（车站值班员）得到报告后，应立即通知区间内后续列车停车，不得再向该区间放行列车。列车调度员根据下车检查或登顶作业的请求，发布邻线列车限速 160 km/h 及以下调度命令；需登顶作业时，列车调度员还应通知该供电臂内的列车停车并降弓，与供电调度员办理接触网停电手续，得到供电调度员接触网已停电的通知后，发布准许登顶作业的调度命令。

（3）司机在接到邻线列车限速 160 km/h 及以下调度命令已发布的口头指示后，下车检查（动车组列车为司机通知随车机械师下车检查）。司机根据准许登顶作业的调度命令和邻线列车限速 160 km/h 及以下调度命令已发布的口头指示登顶作业（动车组列车为司机通知随车机械师登顶作业）。

（4）异物处理完毕后，司机应报告列车调度员，列车调度员与供电调度员办理接触网送电手续，通知该停电供电臂内的列车升起受电弓，取消邻线限速，恢复正常行车。需限速运行时，司机（动车组列车根据随车机械师的通知）限速运行。

（5）司机（动车组列车为随车机械师）现场检查发现受电弓滑板及托架有损伤或接触网有异状时，应及时报告列车调度员，列车调度员扣停后续列车，并通知供电部门对接触网设备进行检查处理，根据供电部门在《行车设备检查登记簿》内登记的行车限制条件组织行车。

12）运行途中自动降弓

（1）列车在运行途中，因不明原因降弓，司机应立即切断主断路器并停车，同时查看降弓地点公里标，向列车调度员（车站值班员）报告，车站值班员报告列车调度员。列车调度员（车站值班员）应立即通知区间内后续列车停车，不再向该区间放行列车，列车调度员将降弓情况转报供电调度员。动车组列车随车机械师应根据故障信息记录，及时向司机反馈故障发生时间等信息，由司机报告列车调度员，列车调度员及时转报供电调度员。

（2）列车调度员根据司机（动车组列车为随车机械师通过司机提出的）下车检查或登顶作业的请求，发布邻线列车限速 160 km/h 及以下调度命令；需登顶作业时，列车调度员还应通知该供电臂内的列车停车并降弓，与供电调度员办理接触网停电手续，得到供电调度员接触网已停电的通知后，发布准许登顶作业的调度命令。

（3）司机在接到邻线列车限速 160 km/h 及以下调度命令已发布的口头指示后，下车检查（动车组列车为司机通知随车机械师下车检查）。司机根据准许登顶作业的调度命令和邻线列车限速 160 km/h 及以下调度命令已发布的口头指示登顶作业（动车组列车为司机通知随车机械师登顶作业）。

（4）经检查处理，列车恢复运行后，司机应立即报告列车调度员，列车调度员应立即向本线尚未经过该地点的首列列车发布口头指示限速 80 km/h 注意运行，限速位置原则上按司机汇报故障地点前后各 2 km 确定。司机应注意观察接触网设备状态，发现影响行车异常情况时应立即停车并向列车调度员报告，列车调度员立即通知尚未经过异常地点的后续列车停车，不再向该区间放行列车，并立即通知供电部门检查处理，列车调度员按供电部门登记的行车限制条件组织行车。无异常时，司机在通过限速地点后立即向列车调度员报告，列车调度员根据司机确认无异常的报告组织后续列车正常运行。

（5）供电调度员接到报告后，应立即组织供电人员登乘本线或邻线列车巡视检查设备。供电人员根据需要及时向列车调度员提出利用动车组列车运送人员处理故障的申请，列车调度员应及时安排。

13）自动过分相地面设备故障

（1）司机发现不能自动过分相时，应立即报告列车调度员（车站值班员），列车调度员（车站值班员）接到报告后，通知后续列车注意运行，通知设备管理单位检查处理，在《行车设备检查登记簿》内登记；设备管理单位发现自动过分相地面设备故障时，应立即报告列车调度员（车站值班员），同时在《行车设备检查登记簿》内登记，写明行车限制条件。在故障修复前，列车调度员（车站值班员）根据设备管理单位的登记，通知司机采用手动过分相。

（2）自动过分相地面设备修复后，列车调度员根据设备管理单位在《行车设备检查登记簿》内的销记，恢复正常行车组织。

14）动车组列车空调失效

（1）空调失效超过 20 min 不能恢复但列车能够正常运行时，列车长可视情况通知司机向列车调度员提出在前方最近客运站停车的请求，列车调度员安排列车在前方最近客运站停车。列车在停车站安装好防护网、打开部分车门后，列车调度员根据司机的报告，向司机（救援时还包括救援司机）及沿途各站发布打开车门限速 60 km/h（通过邻靠高站台的线路时限速 40 km/h）运行的调度命令。

（2）列车因故停车不能维持运行且空调失效超过 20 min 不能恢复时，列车长应及时与司机、随车机械师沟通，视情况做出打开车门决定，并通知司机转报列车调度员。

（3）安装防护网、打开车门由列车长组织列车乘务员进行，司机、随车机械师配合。防护网的安装需在列车停车状态下进行，安装位置为运行方向左侧（非会车侧）车门处。防护网安装完毕，打开车门后，由列车长组织列车工作人员值守，直到车门关闭。列车长确认防护网安装牢固、看护到位后报告司机。

（4）需要组织旅客下车或换乘其他列车时，应在车站站台进行。必须在站内不邻靠站台的线路或区间组织旅客下车或换乘时，需经铁路局主管运输副局长（总调度长）批准。

15）列车运行途中车辆故障

（1）动车组列车运行途中发生车辆故障应急处理：

① 动车组列车运行中出现故障，司机应按车载信息监控装置的提示，按规定及时处理；需要由随车机械师处理时，司机应通知随车机械师。经处置确认无法正常运行时，司机应按车载信息监控装置的提示和随车机械师的要求，选择维持运行或停车等方式，并报告列车调度员（车站值班员），车站值班员报告列车调度员。

② 司机发现或得到基础制动装置故障致使车轮抱死不缓解的报告时，应立即停车，报告列车调度员（车站值班员）停车原因和停车位置，车站值班员报告列车调度员。列车调度员（车站值班员）应立即通知区间内后续列车停车，不再向该区间放行列车。司机在接到列车调度员已发布邻线列车限速 160 km/h 及以下调度命令的口头指示后，通知随车机械师下车检查处理。当动车组列车制动系统故障须切除单车制动力时，随车机械师应将切除制动力的情况及限速要求通知司机，司机报告列车调度员（车站值班员）后，按限速要求运行；车站值班员接到报告后，应及时报告列车调度员，列车调度员及时通知本调度区段相关车站值班员，跨调度区段运行时还应通知邻台列车调度员。全列车制动不缓解，司机、随车机械师按故障应急手册或车载信息系统的提示处理；全列常用制动不施加，司机立即将制动手柄拉到紧急

制动位或按压紧急停车按钮，使动车组紧急停车。动车组停车后，司机复位紧急制动，由随车机械师进行故障处理。司机在开车前必须进行一次完整的制动试验，确认制动系统功能正常。动车组发生制动系统失效情况时，由司机请求救援。

③ 动车组车窗玻璃破损导致车厢密封失效时，列车长或随车机械师应通知司机，司机控制动车组列车限速 160 km/h 运行并报告列车调度员（车站值班员），车站值班员报告列车调度员。

④ 动车组空气弹簧故障时，随车机械师应通知司机限速要求（CRH2/CRH380A/AL 型限速 120 km/h，其余车型限速 160 km/h），司机控制动车组列车限速运行并报告列车调度员（车站值班员），车站值班员报告列车调度员。

⑤ 当车载信息监控装置提示轴承温度超过报警温度时，司机应立即停车，报告列车调度员（车站值班员）停车原因和停车位置，通知随车机械师处理，车站值班员报告列车调度员。列车调度员（车站值班员）应立即通知区间内后续列车停车，并不得再向该区间放行列车。随车机械师检查后，需要限速运行时，通知司机限速要求，司机报告列车调度员（车站值班员）后，按限速要求运行。不能继续运行时，及时请求救援。

⑥ 发现或接到转向架监测故障、车辆下部异音、异状的通知时，司机（列车工作人员）应立即采取紧急停车措施，司机向列车调度员（车站值班员）报告，车站值班员报告列车调度员。列车调度员（车站值班员）应立即通知区间内后续列车停车，不再向该区间放行列车。司机在接到列车调度员已发布邻线列车限速 160 km/h 及以下调度命令的口头指示后，通知随车机械师下车检查处理。随车机械师检查后，需要限速运行时，通知司机限速要求，司机报告列车调度员（车站值班员）后，按限速要求运行。不能继续运行时，及时请求救援。

（2）动车组以外的旅客列车运行途中发生车辆故障应急处理：

① 发现客车车辆轮轴故障、车体下沉（倾斜）、车辆剧烈振动等危及行车安全的情况时，须立即采取停车措施，并报告列车调度员（车站值班员），车站值班员报告列车调度员。列车调度员（车站值班员）应立即通知区间内后续列车停车，不再向该区间放行列车。司机在接到列车调度员已发布邻线列车限速 160 km/h 及以下调度命令的口头指示后，通知车辆乘务员下车检查。对抱闸车辆应关闭截断塞门，排除副风缸中的余风，确认安全无误后，方可继续运行；如车轮踏面损坏超过限度或因车辆故障不能继续运行时，应甩车处理。

② 列车调度员接到热轴报告后，应按热轴预报等级要求果断处理。必要时，立即安排停车检查（司机应采用常用制动，列车停车后由车辆乘务员负责检查，无车辆乘务员的由司机确认能否继续安全运行）或就近站甩车处理。

③ 遇客车安全监控系统报警或其他故障需要列车限速运行时，车辆乘务员应通知司机限速要求，司机按限速要求运行并报告列车调度员（车站值班员），车站值班员及时报告列车调度员。

④ 空气弹簧故障时，列车运行速度不得超过 120 km/h。

⑤ 采用密接式车钩的旅客列车，在运行途中因故障更换 15 号过渡车钩后，运行速度不得超过 140 km/h。

⑥ 双管供风旅客列车运行途中发生双管供风设备故障或用单管供风机车救援接续牵引需改为单管供风时，双管改单管作业应在站内进行。旅客列车在区间发生故障需双管改单管供风时，由车辆乘务员通知司机向列车调度员（车站值班员）提出在前方站停车处理的请求，并通知司机以不超过 120 km/h 速度运行至前方站，列车调度员发布双管改单管供风的调度命令，车辆乘务员根据调度命令在站内将客车风管路改为单管供风状态。旅客列车改为单管供

风跨局运行时，由铁路总公司发布调度命令通知有关铁路局，按单管供风办理，直至终到站。

3. 非正常行车组织

1）双线区间反方向行车

（1）在双线区间，列车应按左侧单方向运行。仅限于整理列车运行时，方可使列车反方向运行；但旅客列车仅在正方向区间的线路封锁、发生自然灾害、因事故中断行车，以及正方向设备故障严重影响列车运行秩序而反方向自动站间闭塞设备良好等特殊情况下，经调度所值班主任（值班副主任）准许，方可反方向运行。

（2）列车反方向运行时，列车调度员应发布调度命令。列车调度员（车站控制时为车站值班员）确认反方向区间空闲。

（3）动车组列车反方向运行时，在 CTCS–3 级区段，CTCS–3 级列控系统最高允许速度为 300 km/h，CTCS–2 级列控系统最高允许速度为 250 km/h；在 CTCS–2 级区段，在 250 km/h 线路上最高允许速度为 200 km/h，在 200 km/h 线路上最高允许速度 160 km/h。

（4）动车组列车反方向运行时，在 CTCS–3 级区段，CTCS–3 级列控系统最高允许速度为 300 km/h，CTCS–2 级列控系统最高允许速度为 250 km/h；在 CTCS–2 级区段，在 250 km/h 线路上最高允许速度为 200 km/h，在 200 km/h 线路上最高允许速度为 160 km/h。

2）列车被迫停车后的处理

（1）列车在区间被迫停车不能继续运行时，司机应立即使用列车无线调度通信设备通知列车调度员（两端站）及随车机械师（车辆乘务员），报告停车原因和停车位置，根据需要迅速请求救援。

① 随车机械师（车辆乘务员）、客运乘务组均应听从司机指挥，处理有关行车、列车防护和事故救援等事宜。

② 列车调度员（车站值班员）接到司机通知后，应将区间内列车运行情况通知司机，并立即使用列车无线调度通信设备通知区间内后续列车停车，在停车原因消除前不得再向区间内放行列车。

③ 对已请求救援的列车，不得再行移动，并按规定对列车进行防护。

④ 列车在区间被迫停车后，应保证就地制动，防止列车溜逸。如遇自动制动机故障，动车组以外的旅客列车司机应通知车辆乘务员立即组织列车乘务人员拧紧全列人力制动机；其他列车司机应立即采取安全措施，并向列车调度员报告。

⑤ 需要防护时，列车前方由司机负责，列车后方由随车机械师（车辆乘务员）负责，配备列车防护报警装置的列车应首先使用列车防护报警装置进行防护。单班单司机值乘的列车防护作业办法由铁路局规定。

（2）列车被迫停车可能妨碍邻线时，司机应立即使用列车无线调度通信设备通知邻线上运行的列车和列车调度员（两端站），与随车机械师（车辆乘务员）分别在列车头部或尾部附近对邻线来车方向短路轨道电路，配备列车防护报警装置的列车应首先使用列车防护报警装置进行防护。司机应亲自或指派人员沿邻线一侧对列车进行检查，发现妨碍邻线时，应立即报告列车调度员（两端站）。如发现邻线有列车开来时，应鸣示紧急停车信号。列车调度员（车站值班员）接到列车被迫停车可能妨碍邻线的通知后，应立即通知邻线有关列车停车，在原因消除前不得向邻线放行列车。单班单司机值乘的列车防护作业办法由铁路局规定。

（3）列车在区间被迫停车后，根据下列规定防护：

① 已请求救援时，从救援列车开来方面（不明时，从列车前后两方面），距离列车不小

于 300 m 处放置响墩防护；在仅运行动车组列车的线路上，列车在区间被迫停车后已请求救援时，由随车机械师在救援列车开来方面，距离列车不小于 300 m 处人工进行防护，不再放置响墩防护。

② 列车分部运行，机车进入区间挂取遗留车辆时，应从车列前方距离不小于 300 m 处放置响墩防护。

③ 防护人员设置的响墩在停车原因消除后，由防护人员撤除。

3）列车在区间退行、返回

（1）列车在区间退行。

① 在不得已情况下，列车必须在区间退行时，列车调度员须扣停后续列车，并确认退行距离内的闭塞分区空闲后通知司机允许退行。随车机械师（车辆乘务员）或指派的胜任人员应站在列车尾部注视运行前方，发现危及行车或人身安全时，应立即使用紧急制动装置（紧急制动阀）或通知司机，使列车停车。列车退行速度不得超过 15 km/h。

② 列车若需退行至站内，列车调度员还应确认列车至后方站间已空闲。列车调度员（车站控制时为车站值班员）根据线路占用情况，可开放进站信号机或按引导办法将列车接入站内。动车组列车若需退行至站内，列车调度员应发布调度命令。

③ 动车组列车退行时，改按隔离模式退行。

④ 在降雾、暴风雨雪及其他不良条件下，难以辨认信号时，列车不准退行。

（2）动车组列车由区间返回。

动车组列车在区间被迫停车后须返回后方站时，列车调度员必须确认动车组列车至后方站间已空闲，方可发布调度命令。司机根据调度命令，在动车组列车运行方向（折返）前端操作，列车改按隔离模式返回，运行速度不得超过 40 km/h。

4）列车分部运行

（1）在不得已情况下，列车必须分部运行时，司机应报告列车调度员（车站值班员），并组织做好遗留车辆的防溜和防护工作，车站值班员立即报告列车调度员。司机在记明遗留车辆辆数和停留位置后，方可牵引前部车辆运行至前方站，在运行中仍按信号显示运行。列车调度员应封锁区间，待将遗留车辆拉回车站，确认区间空闲后，方可开通区间。

（2）列车分部运行时，司机必须检查试验列车制动主管的贯通状态，确认具备开车条件后，方可起动列车。

（3）下列情况列车不准分部运行：

① 采取措施后可整列运行时；

② 对遗留车辆未采取防护、防溜措施时；

③ 遗留车辆无人看守时；

④ 司机与列车调度员及车站值班员均联系不上时；

⑤ 遗留车辆停留在超过 6‰ 坡度的线路上时。

5）列车冒进信号机

（1）列车冒进信号机后，司机应立即停车报告列车调度员（车站值班员），并不得擅自动车，车站值班员报告列车调度员。列车调度员（车站值班员）接到司机冒进进站（接车进路）信号机报告后，立即通知已进入区间的后续列车停车，不再向该区间放行列车。

（2）列车冒进进站（接车进路）、出站（发车进路）信号机时，列车调度员（车站控制时为车站值班员）得到报告后，在确认列车具备动车条件时，按以下规定处理：

① 列车冒进进站（接车进路）信号机时，列车调度员（车站控制时为车站值班员）在确认接车进路准备妥当和列车运行条件具备后，使用列车无线调度通信设备通知司机进站。

② 列车冒进出站（发车进路）信号机时，列车调度员（车站控制时为车站值班员）应在具备条件后，布置列车后退。但对出发或通过列车，列车调度员（车站控制时为车站值班员）根据实际情况，可在确认发车进路准备妥当、第一个闭塞分区空闲（自动站间闭塞区段为区间空闲）、列车运行条件具备后，使用列车无线调度通信设备通知司机继续运行。

6）列车运行晃车

（1）运行途中列车司机发现晃车时，应立即减速运行并向列车调度员（车站值班员）报告晃车地点及晃车时列车运行速度，待本列无异常状况后恢复常速运行。车站值班员报告列车调度员。

（2）晃车时列车运行速度为 160 km/h 以下时，列车调度员（车站值班员）立即通知已进入区间的后续列车停车，不再向该区间放行列车，通知工务部门。列车调度员根据工务部门上道检查的申请，及时发布本线封锁、邻线限速 160 km/h 及以下的调度命令后，准许上道检查。工务检查设备后，根据现场具体情况，确定列车放行条件。

（3）晃车时列车运行速度为 160 km/h 及以上时，列车调度员应向后续首列发布限速 120 km/h 的调度命令，限速位置按司机汇报的晃车地点前后各 1 km 确定。列车通过晃车地点后，司机应立即向列车调度员报告运行情况。若仍晃车，列车调度员立即通知已进入区间的后续列车停车，不再向该区间放行列车，通知工务部门，根据工务部门上道检查的申请，及时发布本线封锁、邻线限速 160 km/h 及以下的调度命令后，准许上道检查；工务检查设备后，根据现场具体情况，确定列车放行条件。若不再晃车，则按 160 km/h、250 km/h、常速逐级逐列提速。

在逐级逐列提速的过程中，再次发生晃车时，列车调度员应立即通知已进入区间的后续列车停车，不再向该区间放行列车，通知工务部门，根据工务部门上道检查的申请，及时发布本线封锁、邻线限速 160 km/h 及以下的调度命令后，准许上道检查。工务检查设备后，根据现场具体情况，确定列车放行条件。

7）列车停在接触网分相无电区

（1）电力机车牵引的列车和动车组列车停在接触网分相无电区不能继续运行时，司机应立即降弓，并报告列车调度员（车站值班员），车站值班员报告列车调度员。列车调度员（车站值班员）立即通知已进入区间的后续列车停车，不再向该区间放行列车。

（2）具备采用换弓、退行闯分相等方式自救时，司机应准确报告电力机车（动车组）停车位置，由列车调度员、供电调度员、机车调度员（动车司机调度员）共同根据电力机车（动车组）类型、停车位置、牵引供电设备状态等确定自救方案，组织自救。

（3）不具备自救条件时，按以下规定处理：

① 具备向中性区远动送电时，可在该分相后方接触网供电臂办理停电后，由列车调度员向供电调度员办理向中性区远动送电手续，通知停在该分相的列车升弓，待该列车驶出分相区后，再通知供电调度员恢复原供电方式并向后方接触网供电臂送电，恢复后续列车正常运行。

② 不具备向中性区远动送电时，列车调度员发布邻线限速 160 km/h 及以下的调度命令，司机组织相关人员按规定对列车进行防护，并确认列车前、后方接触网无电区长度，向列车调度员报告。列车调度员根据司机有关前、后方接触网无电区长度的报告，确定救援方案，

组织救援。

8）列车碰撞异物

（1）列车运行中碰撞异物影响行车安全时，司机应立即采取停车措施，并向列车调度员（车站值班员）报告碰撞异物地点、碰撞异物情况及停车地点，动车组列车司机还应通知随车机械师。车站值班员报告列车调度员。列车调度员（车站值班员）立即通知本线已进入区间的后续列车停车，不再向该区间放行列车。需下车检查时，列车调度员根据司机请求及时发布邻线限速 160 km/h 及以下的调度命令，司机在接到列车调度员已发布相关调度命令的口头指示后，下车检查（动车组列车为通知随车机械师下车检查）。

① 经检查列车可以继续运行时，恢复运行（动车组列车按随车机械师的要求运行），司机向列车调度员报告检查情况。如检查未发现异常情况，列车调度员向本线后续首列发布口头指示限速 160 km/h 运行，限速位置按碰撞异物地点前后各 2 km 确定，列车司机应加强瞭望，确认线路和接触网有无异常状态，在通过限速地点后立即向列车调度员报告，列车调度员在得到司机无异常的报告后，组织本线后续列车恢复正常运行；有影响行车异常情况时，列车调度员根据司机报告，扣停后续列车或组织后续列车限速运行，及时通知有关部门按规定上道检查处理。

② 经下车检查确认不能继续运行时应及时请求救援，并按规定进行防护。

（2）碰撞异物侵入邻线影响邻线行车安全时，列车调度员（车站值班员）接到报告后，应立即通知邻线尚未经过该地点的列车停车，不再向邻线该区间放行列车，并通知有关部门按规定上道检查处理。

（3）碰撞异物情况不明，不能确定是否影响邻线时，列车调度员接到报告后，应立即向邻线尚未经过该地点的首列发布口头指示限速 160 km/h 运行，限速位置按碰撞异物地点前后各 2 km 确定。邻线首列列车司机应加强瞭望，确认线路和接触网有无异常状态，在通过限速地点后立即向列车调度员报告，列车调度员在得到司机无异常的报告后，组织邻线后续列车正常运行。有影响行车异常情况时，列车调度员根据司机报告，扣停后续列车或组织后续列车限速运行，及时通知有关部门按规定上道检查处理。

（4）工务、电务、供电部门应利用天窗时间对碰撞异物地点前后 2 km 范围内的设备进行重点检查。

9）列车发生火灾、爆炸

（1）司机发现列车发生火灾、爆炸或接到列车发生火灾、爆炸的通知及报警时，须立即停车（停车地点应尽量避开长大隧道等，选择便于旅客疏散的地点），报告列车调度员（车站值班员），车站值班员报告列车调度员。列车调度员（车站值班员）接到报告后，立即通知邻线相关列车及本线后续列车停车，不再向区间放行列车。现场需停电时，列车调度员通知供电调度员停电。需组织旅客疏散时，司机得到邻线列车已扣停的通知后，转告列车长组织列车乘务人员将旅客疏散到安全地带。

（2）重联动车组列车需解编时，由随车机械师负责引导，司机确认并拉开安全距离。解编后，动车组应分别按规定采取防溜措施。动车组以外的列车需要分隔甩车时，应根据风向等情况而定。一般为先甩下列车后部的未着火车辆，再甩下着火车辆，然后将机后未着火车辆拉至安全地段。对甩下的车辆，在车站由车站人员负责采取防溜措施；在区间由司机、车辆乘务员负责采取防溜措施。

任务 6.4　救援的规定

1. 使用机车、救援列车救援

（1）列车调度员接到救援申请，按规定发布调度命令封锁区间，并报告值班主任（值班副主任）。

（2）列车调度员根据情况确定使用内燃（电力）机车或救援列车担当救援，并将救援方案通知车站值班员和请求救援列车司机。担当救援的列车需要跨区段担当救援任务时，列车调度员须通知机车调度员（动车司机调度员）指派带道人员。

（3）列车调度员及时发布有关调度命令。担当救援的司机接到救援命令后，必须认真确认。命令不清、停车位置不明确时，不准动车。

（4）向封锁区间发出救援列车时，不办理行车闭塞手续，以列车调度员的命令，作为进入封锁区间的许可。

（5）救援列车的出发或返回，均应通知列车调度员及对方站（与本站为同一人办理时除外）。如事故现场设有临时线路所时，列车调度员（车站控制时为车站值班员）应于发车前，商得线路所车站值班员的同意。

（6）发生事故时，在事故调查组人员到达前，站长（副站长）应随乘发往事故地点的第一列救援列车（分部运行时挂取遗留车辆的机车除外）到事故现场，负责指挥列车有关工作。

（7）救援列车进入封锁区间后，在接近被救援列车或车列 2 km 时，要严格控制速度，同时，使用列车无线调度通信设备与请求救援的列车司机进行联系，或以在瞭望距离内能够随时停车的速度运行（最高不得超过 20 km/h），在防护人员处或压上响墩后停车，联系确认，并按要求进行作业。

（8）使用机车救援动车组时，应进行制动试验，制动主管压力采用 600 kPa。具备升弓供电条件时，允许动车组升弓供电。当使用电力机车担当救援机车，如动车组升弓，由动车组司机通知救援机车司机，救援机车司机在通过分相区前通知动车组司机断电并降弓。连挂前，司机须与列车调度员联系，在得到列车调度员已发布邻线限速160 km/h 及以下的调度命令（妨碍邻线及组织旅客疏散时为已扣停邻线列车）的口头指示后，方可开始作业。救援机车司机在救援作业过程中，要严格遵守有关限速规定，与动车组司机保持联系。救援运行中尽可能避免实施紧急制动。

（9）动车组由机车牵引继续运行时，列车调度员根据随车机械师提出的限速要求，向救援机车司机发布限速运行的调度命令。

（10）使用机车救援动车组时，动车组列控车载设备转入或退出隔离模式不发布调度命令。

（11）当故障列车处理后可继续运行时，列车调度员应根据司机请求，取消前发救援调度命令。

2. 动车组救援动车组

（1）列车调度员接到救援申请，按规定发布调度命令封锁区间，并报告值班主任（值班副主任）。

（2）列车调度员将救援方案通知车站值班员和请求救援的动车组司机。担当救援的动车组列车需要跨区段担当救援任务时，列车调度员须通知机车调度员（动车司机调度员）指派带道人员。

（3）列车调度员及时发布有关调度命令。担当救援的动车组司机接到救援命令后，必须认真确认。命令不清、停车位置不明确时，不准动车。

（4）向封锁区间发出救援动车组时，不办理行车闭塞手续，以列车调度员的命令，作为进入封锁区间的许可。

（5）救援列车的出发或返回，均应通知列车调度员及对方站（与本站为同一人办理时除外）。如事故现场设有临时线路所时，列车调度员（车站控制时为车站值班员）应于发车前，商得线路所车站值班员的同意。

（6）发生事故时，在事故调查组人员到达前，站长（副站长）应随乘发往事故地点的第一列救援列车到事故现场，负责指挥列车有关工作。

（7）在故障动车组前部救援时，担当救援的动车组按隔离模式进入区间，在接近被救援列车 2 km 时，以在瞭望距离内能够随时停车的速度运行，最高不超过 20 km/h，在距被救援列车不小于 300 m 处一度停车，与被救援列车联系确认后进行作业；在故障动车组尾部救援时，开放出站信号，担当救援的动车组按完全监控模式进入区间，在行车许可终点停车，与被救援列车联系确认后，按目视行车模式进入前方闭塞分区，以在瞭望距离内能够随时停车的速度运行，最高不超过 20 km/h，在距被救援列车不小于 300 m 处一度停车（行车许可终点距被救援列车不足 300 m 时除外），与被救援列车联系确认后进行作业。连挂前，司机须与列车调度员联系，在接到列车调度员已发布邻线限速 160 km/h 及以下的调度命令（妨碍邻线及组织旅客疏散时为已扣停邻线列车）的口头指示后，方可开始作业。

（8）被救援动车组转入或退出隔离模式不发布调度命令。

（9）当故障动车组处理后可继续运行时，列车调度员应根据司机请求，取消前发救援调度命令。

3. 启用热备动车组

（1）动车组故障无法及时修复时，应及时启用热备动车组。热备动车组定员少于故障动车组实际人数时，有条件时，使用定员能满足需要的其他动车组组织旅客换乘。

（2）跨局出动热备动车组时，由铁路总公司调度向铁路局发布调度命令。

（3）有关单位在接到调度命令后，应迅速完成热备动车组出动前的各项准备工作，具备条件后及时发车。

（4）对担当换乘任务的动车组列车应优先放行，确保及时到位及返回归位。

（5）在站内组织旅客换乘时，应尽量安排在同一站台的两个站台面进行。

（6）在区间组织旅客换乘时，列车调度员组织担当换乘任务的动车组列车进入邻线指定位置停车。担当换乘任务的列车到达邻线指定位置停妥后，司机向列车调度员报告。列车调度员通过申请换乘的列车司机通知列车长组织旅客换乘。担当换乘任务的列车长确认旅客换乘完毕后通知司机，司机得到列车长通知，确认车门关闭，具备开车条件后起动列车，并向列车调度员报告。

任务 6.5　施工维修的规定

1. 施工维修基本要求

（1）凡影响行车的施工、维修作业，都必须纳入天窗，不得利用列车间隔进行。线路、桥隧、信号、通信、接触网及其他行车设备的施工，力争开通后不降低行车速度。维修作业开始前不限速，结束后须达到正常放行列车条件。

（2）列车调度台、车站应设置《行车设备施工登记簿》《行车设备检查登记簿》。具备条件时，可通过施工维修登销记信息系统进行行车设备施工、维修及设备故障的登记和销记。

（3）在调度台办理登、销记手续时，铁路局工务、信号、通信、供电、车辆、房建等部门须各指定一名具有协调能力、熟悉作业情况的胜任人员，作为本部门作业单位驻调度所联络员；在车站办理登、销记手续时，由相关单位在车站安排驻站联络员。驻调度所（驻站）联络员负责向作业单位（配合单位）作业负责人传达有关命令。

（4）各作业单位施工、维修作业完毕后，须及时向驻调度所（驻站）联络员报告。驻调度所（驻站）联络员办理销记手续。

（5）施工作业完毕，但未达到正常放行列车条件时，驻调度所（驻站）联络员应在《行车设备施工登记簿》内登记行车限制条件；在设备达到正常放行列车条件后，及时销记。

2. 施工维修防护

（1）施工维修防护要求。

① 凡影响行车的施工维修，均应设置防护。

未设好防护，禁止开工。线路状态未恢复到准许放行列车的条件，禁止撤除防护、放行列车。施工维修防护的设置与撤除，由施工负责人决定。

在区间或站内线路、道岔上维修时，现场防护人员应站在维修地点附近、且瞭望条件较好的地点进行防护，在天窗内作业时，显示停车手信号。维修作业应在调度所（车站）与作业地点分别设驻调度所（驻站）联络员和现场防护人员，并保持联系。

② 封锁区间施工时，施工负责人应确认已做好一切施工准备，按批准的施工计划（临时抢修施工时除外），由驻调度所（驻站）联络员在《行车设备施工登记簿》内登记。列车调度员应保证施工时间，并及时发出实际施工调度命令。施工负责人接到调度命令，确认施工起止时刻，设好停车防护后，方可开工，并保证在规定时间内完成。

施工单位及设备管理单位应严格掌握开通条件，经检查满足放行列车的条件，且设备达到规定的开通速度要求，办理开通登记后，向列车调度员申请开通区间。如因特殊情况不能按时开通区间或不能按规定的开通速度运行时，应提前要求列车调度员延长时间或限速运行。

③ 施工维修作业时，应严格遵守作业人员和机具避车制度，采取措施保证邻线列车和作业人员安全。

在区间或站内线路、道岔上施工维修作业时，应在列车调度台设驻调度所联络员或在车站行车室设驻站联络员，施工维修地点设现场防护人员。驻调度所（驻站）联络员和现场防护人员应由指定的、经过考试合格的人员担任。施工负责人可指派驻调度所（驻站）联络员负责在列车调度台（车站行车室）办理施工维修登、销记手续，驻调度所（驻站）联络员向施工负责人传达调度命令，通报列车运行情况。驻调度所（驻站）联络员和现场防护人员在执行防护任务时，应佩戴标志，携带通信设备；现场防护人员还应携带必备的防护用品，随时观察施工现场和列车运行情况。发现异常情况时及时通报列车调度员（车站值班员）和施工负责人。

驻调度所（驻站）联络员应与现场防护人员保持联系，如联系中断，现场防护人员应立即通知施工负责人停止作业，必要时将线路恢复到准许放行列车的条件。

④ 在线间距不足 6.5 m 地段施工维修而邻线行车时，邻线列车应限速 160 km/h 及以下，并按规定设置防护。施工单位在提报施工计划时，应提出邻线限速的条件。

邻线来车时，现场防护人员应及时通知作业人员，机具、物料或人员不得在两线间放置或停留，并应与列车保持安全距离，物料应堆码放置牢固。

⑤ 线路备用轨料须在车站范围内码放整齐，线路两侧散落的旧轨料、废土废渣应及时清理。因施工等原因线路两侧临时摆放的轨料，要码放整齐，并进行必要的加固。有栅栏的地段要置于两侧的封闭栅栏内；需临时拆除封闭栅栏时，应设置临时防护设施并派人昼夜看守。

⑥ 凡上道使用涉及行车安全的养路机械、机具及防护设备，须符合有关技术标准，满足运用安全的要求。养路机械、机具及防护设备应专管专用，加强日常检修和定期检查，经常保持良好状态。状态不良的，禁止上道使用。

⑦ 路用列车装卸路料时，装卸车负责人应指挥列车停于指定地点。装卸作业完毕后，其负责人应负责检查装卸货物的装载、堆码状态，确认限界，清好道沿，关好车门。在区间装卸时，装卸车负责人确认具备开车条件后通知司机开车。

⑧ 进入封锁区间的施工列车司机应熟悉线路和施工条件。

（2）施工作业防护。

① 在区间线路上施工时，使用移动停车信号防护，防护办法如下：

a）单线区间线路施工时，如图 6-1 所示。

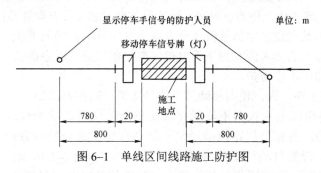

图 6-1　单线区间线路施工防护图

b）双线区间一条线路施工时，如图 6-2 所示。

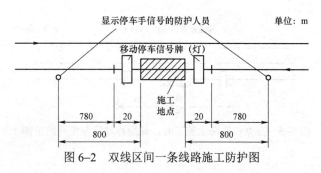

图 6-2　双线区间一条线路施工防护图

c）双线区间两条线路同时施工时，如图 6-3 所示。

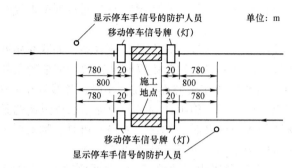

图 6-3　双线区间两条线路同时施工防护图

d）作业地点在站外，距离进站信号机（反方向进站信号机）小于 820 m 时，如图 6-4 所示。

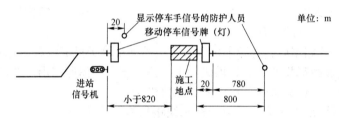

图 6-4　作业地点在站外，距离进站信号机
（反方向进站信号机）小于 820 m 施工防护图

现场防护人员应站在距施工地点 800 m 附近（见图 6-1～图 6-3），且瞭望条件较好的地点显示停车手信号；施工作业地点在站外，距离进站信号机（反方向进站信号机）小于 820 m 时，现场防护人员应站在距进站信号机（反方向进站信号机）20 m 附近（见图 6-4 所示）；在尽头线上施工，施工负责人经与列车调度员（车站值班员）联系确认尽头一端无列车、轨道车时，则尽头一端可不设防护。

② 在站内线路上施工时，使用移动停车信号防护，防护办法如下：

a）将施工线路两端道岔扳向不能通往施工地点的位置，并加锁或紧固，可不设置移动停车信号牌（灯）。当施工线路两端道岔只能通往施工地点的位置时，在施工地点两端各 50 m 处线路上，设置移动停车信号牌（灯）防护，如图 6-5 所示；如施工地点距离道岔小于 50 m 时，在该端警冲标相对处线路上，设置移动停车信号牌（灯）防护，如图 6-6 所示。

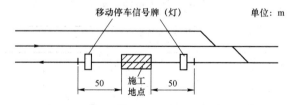

图 6-5　在站内线路上施工时，使用移动停车信号防护图 1

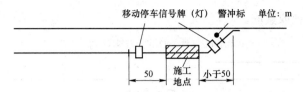

图6-6 在站内线路上施工时，使用移动停车信号防护图2

b）在进站道岔外方线路上施工，对区间方向，以关闭的进站信号机防护；对车站方向，在进站道岔外方基本轨接头处（顺向道岔在警冲标相对处）线路上，设置移动停车信号牌（灯）防护，如图6-7所示。

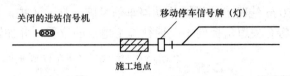

图6-7 在站内线路上施工时，使用移动停车信号防护图3

c）双线区段，在反方向进站信号机至出站道岔的线路上施工，对区间方向，以关闭的反方向进站信号机防护。对车站方向，在出站道岔外方基本轨接头处（对向道岔在警冲标相对处）线路上，设置移动停车信号牌（灯）防护，如图6-8所示。

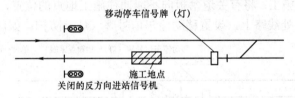

图6-8 在站内线路上施工时，使用移动停车信号防护图4

③ 在站内道岔上（含警冲标至道岔尾部线路、道岔间线路）施工时，使用移动停车信号防护，防护办法如下：

a）在站内道岔上施工，一端距离施工地点50 m，另一端两条线路距离施工地点50 m（距出站信号机不足 50 m 时，为出站信号机处），分别在线路上设置移动停车信号牌（灯）防护，如图 6-9 所示；如一端距离外方道岔小于50 m 时，将有关道岔扳向不能通往施工地点的位置，并加锁或紧固。

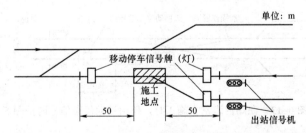

图6-9 在站内道岔上施工时，使用移动停车信号防护图1

b）在进站道岔上施工，对区间方向，以关闭的进站信号机防护；对车站方向，在距离施工地点50 m 线路上，设置移动停车信号牌（灯）防护，如图6-10所示。距邻近道岔不足50 m 时，在邻近道岔基本轨接头处设置移动停车信号牌（灯）防护，将有关道岔扳向不能通往施工地点的位置，并加锁或紧固。

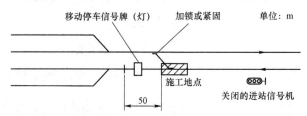

图 6-10 在站内道岔上施工时，使用移动停车信号防护图 2

c）在出站道岔上施工，对区间方向，以关闭的反方向进站信号机防护；对车站方向，在距离施工地段不少于 50 m 线路上，设置移动停车信号牌（灯）防护，如图 6-11 所示。距邻近道岔不足 50 m 时，将有关道岔扳向不能通往施工地点的位置，并加锁或紧固。

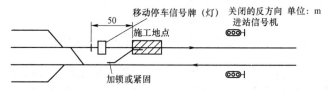

图 6-11 在站内道岔上施工时，使用移动停车信号防护图 3

d）在交分道岔上施工，将有关道岔扳向不能通往施工地点的位置，并加锁或紧固，在距离施工地点两端 50 m 处线路上，设置移动停车信号牌（灯）防护，如图 6-12 所示。

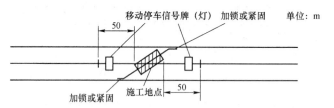

图 6-12 在站内道岔上施工时，使用移动停车信号防护图 4

e）在交叉渡线的一组道岔上施工，一端在菱形中轴相对处线路上，另一端在距离施工地点 50 m 处线路上，分别设置移动停车信号牌（灯）防护，将有关道岔扳向不能通往施工地点的位置，并加锁或紧固，如图 6-13 所示。

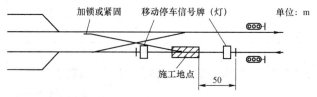

图 6-13 在站内道岔上施工时，使用移动停车信号防护图 5

f）在道岔上进行大型养路机械施工时，如延长移动停车信号牌（灯）防护距离后占用其他道岔时，对相关道岔应一并防护。

④ 仅运行动车组列车的区间正线不设置移动减速信号防护。在其余区间正线上，使用带"T"字和"减速"字的移动减速信号的防护办法如下：

a）单线区间施工，设立位置如图6-14所示。

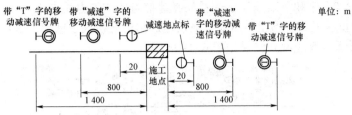

图6-14　在非仅运行动车组列车的区间正线上，
使用带"T"字和"减速"字的移动减速信号的防护办法图1

b）双线区间在一条线上施工，设立位置如图6-15所示。

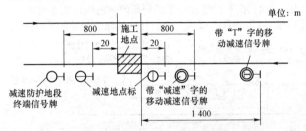

图6-15　在非仅运行动车组列车的区间正线上，
使用带"T"字和"减速"字的移动减速信号的防护办法图2

c）双线区间两条线路同时施工，设立位置如图6-16所示。

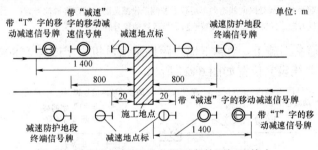

图6-16　在非仅运行动车组列车的区间正线上，
使用带"T"字和"减速"字的移动减速信号的防护办法图3

d）施工地点距离进站信号机（或反方向进站信号机）小于800 m时，设立位置如图6-17所示。

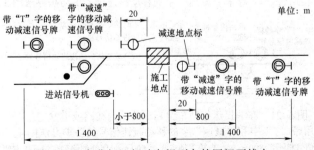

图6-17　在非仅运行动车组列车的区间正线上，
使用带"T"字和"减速"字的移动减速信号的防护办法图4

注：1. 当站内正线警冲标距离施工地点小于800 m时，按800 m设置移动减速信号牌；
　　2. 当站内正线警冲标距离施工地点大于或等于1 400 m时，不设置带"T"字的移动减速信号牌。

⑤ 仅运行动车组列车的站内线路或道岔不设置移动减速信号防护。在其余站内线路或道岔上，使用带"T"字和"减速"字的移动减速信号的防护办法如下：

a) 在站内正线线路上施工，当施工地点距进站信号机大于或等于 800 m 时，单线设立位置如图 6-18 所示，双线设立位置如图 6-19 所示。

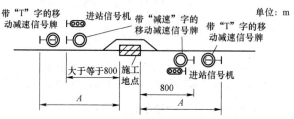

图 6-18　在非仅运行动车组列车的站内线路或道岔上，
使用带"T"字和"减速"字的移动减速信号的防护办法图 1

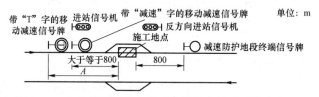

图 6-19　在非仅运行动车组列车的站内线路或道岔上，
使用带"T"字和"减速"字的移动减速信号的防护办法图 2

注：当施工地点距进站信号机不足 800 m 时，自施工地点起至 800 m 处区间线路列车运行方左侧，设移动减速信号牌防护；当施工地点距进站信号机大于或等于 A 时，不设置带"T"字的移动减速信号牌，A 取 1 400 m；当施工地点距反方向进站信号机不足 800 m 时，自施工地点起至 800 m 处区间线路列车运行方左侧，设减速防护地段终端信号牌；当施工地点距反方向进站信号机大于或等于 800 m 时，在反方向进站信号机处，设减速防护地段终端信号牌。

b) 在站内正线道岔上施工，当施工地点距进站信号机大于或等于 800 m 时，单线设立位置如图 6-20 所示，双线设立位置如图 6-21 所示。

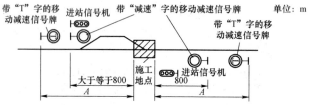

图 6-20　在非仅运行动车组列车的站内线路或道岔上，
使用带"T"字和"减速"字的移动减速信号的防护办法图 3

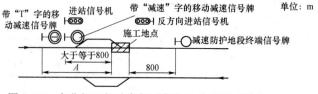

图 6-21　在非仅运行动车组列车的站内线路或道岔上，
使用带"T"字和"减速"字的移动减速信号的防护办法图 4

注：当施工地点距进站信号机不足 800 m 时，自施工地点起至 800 m 处区间线路列车运行方左侧，设移动减速信号牌防护；当施工地点距进站信号机大于或等于 A 时，不设置带"T"字的移动减速信号牌，A 取 1 400 m；当施工地点距反方向进站信号机不足 800 m 时，自施工地点起至 800 m 处区间线路列车运行方左侧，设减速防护地段终端信号牌；当施工地点距反方向进站信号机大于或等于 800 m 时，在反方向进站信号机处，设减速防护地段终端信号牌。

c）在站线线路上施工，设立位置如图 6-22 所示。

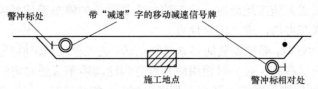

图 6-22　在非仅运行动车组列车的站内线路或道岔上，
使用带"T"字和"减速"字的移动减速信号的防护办法图 5

d）在站线道岔上施工，该道岔中部线路旁，设置两面黄色的带"减速"字的移动减速信号牌，设立位置如图 6-23 所示。

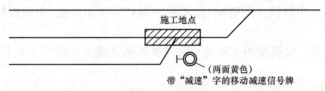

图 6-23　在非仅运行动车组列车的站内线路或道岔上，
使用带"T"字和"减速"字的移动减速信号的防护办法图 6

凡线间距离不足规定时，应设置矮型（1 m 高）的移动减速信号牌。

3. 施工路用列车开行

（1）施工路用列车上线。

① 施工路用列车进入高速铁路运行必须装备列车运行监控装置或轨道车运行控制设备、机车综合无线通信设备，未装设或设备故障的禁止进入高速铁路运行。

② 施工路用列车上线运行应纳入施工、维修日计划，向调度所提供《自轮运转特种设备运行、作业计划表》，注明发站、到站、编组、运行径路、作业地点及转线计划并经主管业务处审核批准。未提供《自轮运转特种设备运行、作业计划表》或内容不全的，禁止进入高速铁路运行。

③ 在 GSM-R 区段，施工路用列车司机及有关人员应配备 GSM-R 手持终端，开车前将联系号码报告列车调度员和相关车站值班员。施工路用列车有关人员间应相互通报联系方式，并进行通话试验。

（2）向封锁区间开行施工路用列车时，列车进入封锁区间的行车凭证为调度命令。该命令中应包括列车车次、停车地点、到达车站的时刻等有关事项。需限速运行时在命令中一并注明。

（3）施工路用列车接发。

① 在常态灭灯的区段，接发施工路用列车时，进站信号机、出站信号机、进路信号机、线路所通过信号机应点灯。

② 施工路用列车在车站开车前需进行自动制动机简略试验时，由施工负责人指派胜任人员负责。

（4）施工路用列车安全。

① 天窗内所有影响施工路用列车运行的施工维修作业必须在施工路用列车通过后方可进行，并须在施工路用列车返回前结束。

② 施工路用列车进入封锁区间的规定：

a）施工单位应指派胜任人员携带列车无线调度通信设备值乘，并在区间协助司机作业。路用列车或施工机械进入施工地段时，应在防护人员显示的停车手信号前停车，再根据施工负责人的要求，按调车办法，进入指定地点。

b）在区间推进运行时，必须安装简易紧急制动阀，施工单位指定胜任人员登乘列车前端，认真瞭望，及时与司机联系，必要时使用简易紧急制动阀停车或通知司机停车。

c）同一封锁区间原则上每端只开行一列路用列车，如超过时，其安全措施及运行办法由铁路局规定。有多台作业车进入同一区间时，作业车辆应组成综合作业车列合并运行，共用一个调度命令进入区间、返回车站或到达前方站。作业车及车列由车站开往区间后，由主体作业单位统一组织协调，划分各作业车的作业范围及分界点。各作业单位必须严格按规定分别设置防护。

③ 施工路用列车由封锁区间进站时，司机须得到列车调度员（车站控制时为车站值班员）的同意后，方可进站。

④ 施工作业完毕，驻调度所（驻站）联络员须确认施工作业车全部到达车站后，方可申请办理开通。

4. 确认列车开行

（1）确认列车组织。

① 高速铁路仅运行动车组列车的区段，天窗结束后开行动车组列车前，应开行确认列车，确认列车开行纳入列车运行图。其他区段，天窗结束后首趟列车不准为动车组列车；扰动道床不能预先轧道的线路、道岔施工区段，施工开通后第一趟列车不准为旅客列车。

② 确认列车应由工务、电务、供电部门各指派专业技术人员随车添乘，但有相应地面、车载监测设备的电务、供电部门根据需要添乘。

③ 随车机械师负责开启和关闭操纵端司机室后车厢站台侧门，供添乘人员上下车。

随车机械师关闭车门后应及时通知司机。

④ 司机在确认行车凭证和开车时间，车门关闭后，即可起动列车。

⑤ 添乘人员必须服从司机的管理，不得干扰司机的正常操作。

（2）确认信息反馈。

① 所有参加确认的人员必须按规定的时间、确认事项和内容报告确认情况。

② 确认信息报告程序及时间。

a）异常情况：影响列车运行的确认信息由添乘人员通过司机随时向列车调度员报告，添乘人员同时还应向铁路局专业调度报告。

b）正常情况：添乘人员于添乘到达确认区段终点后及时分别向铁路局专业调度汇报。

5. 设备故障及抢修

（1）列车调度员（车站值班员）发现或接到线路、信号、通信、供电等固定行车设备故障的报告后，应立即进行处置，通知设备管理单位，在《行车设备检查登记簿》内登记。

设备管理单位应及时在《行车设备检查登记簿》内签认，尽快组织修复。对暂时不能修复的，应登记停用内容和影响范围，写明行车限制条件。

（2）设备管理单位人员发现行车设备故障时，应立即通知列车调度员（车站控制时为车站值班员），报告工长、车间主任或设备管理单位调度，并在《行车设备检查登记簿》内登记，积极设法修复；对暂时不能修复的，应登记停用内容和影响范围，写明行车限制条件。

（3）铁路职工或其他人员发现设备故障危及行车和人身安全时，应立即通知列车司机停车并报告列车调度员，通知不到时应通知就近车站、工务、电务或供电等人员，有关人员接到通知应立即报告列车调度员、通知设备管理单位，必要时立即采取应急措施，扣停列车、通知区间运行的列车停车或限速运行。

（4）高速铁路固定设备的临时上道检查、故障抢修作业须在《行车设备检查登记簿》内登记，并经列车调度员同意后，方可上道作业。

对处于使用状态的行车设备，严禁进行维修作业。

（5）高速铁路处理设备故障需临时开行路用列车、轨道车时，由设备管理单位提出申请，调度所值班主任（值班副主任）准许，列车调度员发布调度命令。

（6）当设备发生故障，需在双线区间的一线上道检查、处理设备故障时，本线应封锁、邻线列车限速160 km/h 及以下。设备管理单位应在《行车设备检查登记簿》内登记，提出本线封锁、邻线列车限速160 km/h 及以下的申请，在得到列车调度员（车站值班员）签认后，方可上道作业，本线、邻线可不设置防护信号。司机应加强瞭望。

抢修作业时，邻线列车接近前，防护人员通知现场作业负责人停止作业。作业机具、材料等不得侵限且严禁摆放在两线间。

故障处理后需要现场看守时，设备管理单位应在《行车设备检查登记簿》内登记，提出本线及邻线行车限制条件，并按规定设置防护。

項目 **7**

信 号 显 示

知识点

1. 信号显示的基本要求；
2. 固定信号：
3. 移动信号、手信号、听觉信号：
4. 信号表示器及标志。

技能目标

1. 了解信号显示的基础知识；
2. 掌握手信号的使用方法。

任务 **7.1** 信号显示的基本要求

（1）信号是指示列车运行及调车作业的命令，有关行车人员必须严格执行。

信号显示方式及使用方法，应按本规程规定执行。本规程以外的信号显示方式，须经铁路总公司批准，方可采用。

各种信号机和表示器的灯光排列、颜色和外形尺寸，必须符合国家标准、铁道行业标准及铁路总公司规定的标准。

地区性联系用的手信号，由铁路局批准。

（2）铁路信号分为视觉信号和听觉信号。

视觉信号的基本颜色：

红色——停车；

黄色——注意或减低速度；

绿色——按规定速度运行。

听觉信号：号角、口笛、响墩发出的音响和机车、自轮运转特种设备的鸣笛声。

（3）视觉信号分为昼间、夜间及昼夜通用信号。在昼间遇降雾、暴风雨雪及其他情况，致使停车信号显示距离不足 1 000 m，注意或减速信号显示距离不足 400 m，调车信号及调车手信号显示距离不足 200 m 时，应使用夜间信号。

隧道内只采用夜间或昼夜通用信号。

铁路沿线及站内，禁止设置妨碍确认信号的红、黄、绿色的装饰彩布、标语和灯光。如已装有妨碍确认信号灯光的设备时，应拆除或采取遮光措施。

在规定的信号显示距离内，不得种植影响信号显示的树木。对影响信号显示的树木，其处理办法由铁路局规定。

（4）进站、出站、进路、调车、驼峰、驼峰辅助信号机均以显示停车信号为定位；线路所的通过信号机以显示停车信号为定位，其他通过信号机以显示进行信号为定位。

接近信号机、进站预告信号机、非自动闭塞区段通过信号机的预告信号机及通过臂板，以显示注意信号为定位。

遮断、遮断预告、复示信号机以无显示为定位。

在自动闭塞区段内的车站（线路所），如将进站、正线出站信号机及其直向进路内的进路信号机转为自动动作时，以显示进行信号为定位。

（5）信号机的关闭时机规定如下：

① 集中联锁车站的进站、进路、出站信号机，通过信号机，当机车或车辆第一轮对越过该信号机后自动关闭。

② 调车信号机在调车车列全部越过调车信号机后自动关闭；当调车信号机外方不设轨道占用检查装置或虽设轨道占用检查装置而占用时，应在调车车列全部出清调车信号机内方第一轨道区段后自动关闭，根据需要也可在调车车列第一轮对进入调车信号机内方第一轨道区段后自动关闭。

③ 引导信号应在列车头部越过信号机后及时关闭。

④ 非集中联锁车站的进站信号机及线路所通过信号机，在列车进入接车线轨道区段后自动关闭，出站信号机应在列车进入出站方面轨道区段后自动关闭。

⑤ 非集中联锁车站，由手柄操纵的信号机：进站信号机在确认列车全部进入接车线警冲标内方，出站信号机在列车全部越过最外方道岔并确认列车全部进入出站方面轨道区段后，恢复手柄，关闭信号。

特殊站（场）执行上述规定有困难时，由铁路局规定。

（6）进站、出站、进路和通过信号机的灯光熄灭、显示不明或显示不正确时，均视为停车信号。

进站预告信号机或接近信号机的灯光熄灭、显示不明或显示不正确时，均视为进站信号机为关闭状态；非自动闭塞区段通过信号机的预告信号机的灯光熄灭、显示不明或显示不正确时，视为通过信号机为关闭状态。

（7）新设尚未开始使用及应撤除尚未撤掉的信号机，均应装设信号机无效标，并应熄灭灯光；如为臂板信号机，并须将臂板置于水平位置。

信号机无效标为白色的十字交叉板。高柱色灯信号机的无效标装在机柱上，矮型色灯信号机的无效标装在信号机构上，臂板信号机的无效标装在臂板上（无效标如图 7-1 所示）。

在新建铁路线上，新设尚未开始使用的信号机（进站信号机暂用作防护车站时除外），可撤下臂板或将色灯机构向线路外侧扭转 90°，并熄灭灯光，作为无效。

图 7-1　无效标

任务 7.2　固 定 信 号

1. 色灯信号机

（1）进站色灯信号机显示下列信号：

① 三显示自动闭塞、半自动闭塞、自动站间闭塞区段进站色灯信号机。

a）一个绿色灯光——准许列车按规定速度经正线通过车站，表示出站及进路信号机在开放状态，进路上的道岔均开通直向位置（如图 7-2 所示）；

b）一个绿色灯光和一个黄色灯光——准许列车经道岔直向位置，进入站内越过次一架已经开放的信号机准备停车（如图 7-3 所示）；

图7-2　固定信号图1　　　　图7-3　固定信号图2

c）一个黄色灯光——准许列车经道岔直向位置，进入站内正线准备停车（如图 7-4 所示）；

d）一个黄色闪光和一个黄色灯光——准许列车经 18 号及以上道岔侧向位置，进入站内越过次一架已经开放的信号机且该信号机防护的进路经道岔直向位置或 18 号及以上道岔侧向位置（如图 7-5 所示）；

图 7-4 固定信号图 3　　　　　图 7-5 固定信号图 4

e）两个黄色灯光——准许列车经道岔侧向位置（但不满足上述第（4）项条件）进入站内准备停车（如图 7-6 所示）；

f）一个红色灯光——不准列车越过该信号机（如图 7-7 所示）。

图 7-6 固定信号图 5　　　　　图 7-7 固定信号图 6

② 四显示自动闭塞区段进站色灯信号机。

a）一个绿色灯光——准许列车按规定速度经道岔直向位置进入或通过车站，表示运行前方至少有三个闭塞分区空闲（如图 7-2 所示）；

b）一个绿色灯光和一个黄色灯光——准许列车按规定速度经道岔直向位置进入站内，表示次一架信号机经道岔直向位置开放一个黄灯（如图 7-3 所示）；

c）一个黄色灯光——准许列车按限速要求经道岔直向位置进入站内正线准备停车（如图 7-4 所示）；

d）一个黄色闪光和一个黄色灯光——准许列车经 18 号及以上道岔侧向位置，进入站内越过次一架已经开放的信号机且该信号机防护的进路经道岔直向位置或 18 号及以上道岔侧向位置（如图7-5所示）；

e）两个黄色灯光——准许列车按限速要求越过该信号机，经道岔侧向位置（但不满足上述第（4）项条件）进入站内准备停车（如图7-6所示）；

f）一个红色灯光——不准列车越过该信号机（如图7-7所示）。

（2）进站及接车进路、接发车进路色灯信号机的引导信号显示一个红色灯光及一个月白色灯光——准许列车在该信号机前方不停车，以不超过 20 km/h 速度进站或通过接车进路，并须准备随时停车（如图7-8所示）。

图7-8　固定信号图7

（3）出站色灯信号机显示下列信号：

半自动闭塞或自动站间闭塞区段。

a）一个绿色灯光——准许列车由车站出发（如图7-9所示）；

b）两个绿色灯光——准许列车由车站出发，开往次要线路（如图7-10所示）；

c）一个红色灯光——不准列车越过该信号机（如图7-11所示）；

d）在兼作调车信号机时，一个月白色灯光——准许越过该信号机调车（如图7-12所示）。

图7-9　固定信号图8

图 7-10　固定信号图 9

图 7-11　固定信号图 10

图 7-12　固定信号图 11

2. 三显示自动闭塞区段

（1）一个绿色灯光——准许列车由车站出发，表示运行前方至少有两个闭塞分区空闲（如图 7-13 所示）；

（2）一个黄色灯光——准许列车由车站出发，表示运行前方有一个闭塞分区空闲（如图 7-14 所示）；

（3）两个绿色灯光——准许列车由车站出发，开往半自动闭塞或自动站间闭塞区间（如

图 7-15 所示);

（4）一个红色灯光——不准列车越过该信号机（如图 7-16 所示）；

（5）在兼作调车信号机时，一个月白灯光——准许越过该信号机调车（如图 7-17 所示）。

图 7-13　固定信号图 12

图 7-14　固定信号图 13

图 7-15　固定信号图 14

图 7-16　固定信号图 15

图 7-17　固定信号图 16

3. 四显示自动闭塞区段

（1）一个绿色灯光——准许列车由车站出发，表示运行前方至少有三个闭塞分区空闲（如图 7-18 所示）；

图 7-18　固定信号图 17

（2）一个绿色灯光和一个黄色灯光——准许列车由车站出发，表示运行前方有两个闭塞分区空闲（如图 7-19 所示）；

（3）一个黄色灯光——准许列车由车站出发，表示运行前方有一个闭塞分区空闲（如图7–20所示）；

（4）两个绿色灯光——准许列车由车站出发，开往半自动闭塞或自动站间闭塞区间（如图7–21所示）；

（5）一个红色灯光——不准列车越过该信号机（如图7–22所示）；

（6）在兼作调车信号机时，一个月白色灯光——准许越过该信号机调车（如图7–23所示）。

图7–19　固定信号图18

图7–20　固定信号图19

图7–21　固定信号图20

图 7-22　固定信号图 21

图 7-23　固定信号图 22

（7）进路色灯信号机的显示：

① 接车进路及接发车进路色灯信号机的显示与进站色灯信号机相同。

② 三显示自动闭塞、半自动闭塞、自动站间闭塞区段的发车进路色灯信号机显示下列信号：

a）一个绿色灯光——准许列车由车站经正线出发，表示出站和进路信号机均在开放状态（如图 7-24 所示）；

图 7-24　固定信号图 23

b）一个绿色灯光和一个黄色灯光——准许列车越过该信号机，表示该信号机列车运行前方次一架信号机在开放状态（如图7-25所示）；

　　c）一个黄色灯光——准许列车运行到次一架信号机之前准备停车（如图7-26所示）；

　　d）一个红色灯光——不准列车越过该信号机（如图7-27所示）。

图7-25　固定信号图24

图7-26　固定信号图25

图7-27　固定信号图26

　　③ 四显示自动闭塞区段发车进路色灯信号机显示下列信号：

　　a）一个绿色灯光——表示该信号机列车运行前方至少有两架信号机经道岔直向位置在开

放状态（如图 7-24 所示）；

b）一个绿色灯光和一个黄色灯光——表示该信号机列车运行前方次一架信号机经道岔直向位置在开放状态（如图 7-25 所示）；

c）一个黄色灯光——准许列车运行到次一架信号机之前准备停车（如图 7-26 所示）；

d）一个红色灯光——不准列车越过该信号机（如图 7-27 所示）。

④ 接车进路、发车进路及接发车进路色灯信号机兼作调车信号机时，一个月白色灯光——准许越过该信号机调车（如图 7-28所示）。

图 7-28　固定信号图 27

（8）通过色灯信号机显示下列信号：

① 半自动闭塞及自动站间闭塞区段。

a）一个绿色灯光——准许列车按规定速度运行（显示方式参照图 7-29，但机构为二显示）；

b）一个红色灯光——不准列车越过该信号机（显示方式参照图 7-31，但机构为二显示）。

② 三显示自动闭塞区段。

a）一个绿色灯光——准许列车按规定速度运行，表示运行前方至少有两个闭塞分区空闲（如图 7-29 所示）；

b）一个黄色灯光——要求列车注意运行，表示运行前方有一个闭塞分区空闲（如图 7-30 所示）；

c）一个红色灯光——列车应在该信号机前停车（如图 7-31 所示）。

图 7-29　固定信号图 28　　　图 7-30　固定信号图 29　　　图 7-31　固定信号图 30

③ 四显示自动闭塞区段。

a）一个绿色灯光——准许列车按规定速度运行，表示运行前方至少有三个闭塞分区空闲（如图7-32所示）；

b）一个绿色灯光和一个黄色灯光——准许列车按规定速度运行，要求注意准备减速，表示运行前方有两个闭塞分区空闲（如图7-33所示）；

c）一个黄色灯光——要求列车减速运行，按规定限速要求越过该信号机，表示运行前方有一个闭塞分区空闲（如图7-34所示）；

d）一个红色灯光——列车应在该信号机前停车（如图7-35所示）。

图7-32　固定信号图31　　　　　　图7-33　固定信号图32

图7-34　固定信号图33　　　　　　图7-35　固定信号图34

（9）线路所防护分歧道岔的色灯信号机开放经道岔侧向位置的进路时显示下列信号：

① 一个黄色闪光和一个黄色灯光——表示分歧道岔为18号及以上，开往半自动闭塞或自动站间闭塞区间，或开往自动闭塞区间且列车运行前方次一闭塞分区空闲（如图7-5所示）。

② 不满足上述第1款条件时，显示两个黄色灯光（如图7-6所示）。

防护分歧道岔的线路所通过信号机，其机构外形和显示方式，应与进站信号机相同，引导灯光应予封闭。该信号机显示红色灯光时，不准列车越过。

（10）容许信号显示一个蓝色灯光——准许列车在通过色灯信号机显示红色灯光的情况下不停车，以不超过20 km/h的速度通过，运行到次一架通过信号机，并随时准备停车（如图7-36所示）。

（11）遮断色灯信号机显示一个红色灯光——不准列车越过该信号机；不点灯时，不起信号作用（如图7-37所示）。

图7-36　固定信号图35　　　　　图7-37　固定信号图36

（12）遮断信号机的预告信号机显示一个黄色灯光——表示遮断信号机显示红色灯光；不点灯时，不起信号作用（如图7-38所示）。

其他预告色灯信号机显示下列信号：

① 一个绿色灯光——表示主体信号机在开放状态（如图7-39（a）所示）；

② 一个黄色灯光——表示主体信号机在关闭状态（如图7-39（b）所示）。

图7-38　固定信号图37

（a）　　　　　　　　　　　　　（b）

图7-39　固定信号图38

（13）接近色灯信号机显示下列信号：

① 一个绿色灯光——表示进站信号机开放一个绿色灯光或一个绿色灯光和一个黄色灯光（如图7-40所示）；

② 一个绿色灯光和一个黄色灯光——表示进站信号机开放一个黄色灯光（如图7-41所示）；

③ 一个黄色灯光——表示进站信号机在关闭状态，或表示进站信号机显示两个黄色灯光或一个黄色闪光和一个黄色灯光（如图7-42所示）。

图7-40　固定信号图39　　　图7-41　固定信号图40　　　图7-42　固定信号图41

（14）遮断及其预告信号机采用方形背板，并在机柱上涂有黑白相间的斜线，以区别于一般信号机（如图7-37、图7-38所示）。

（15）调车色灯信号机显示下列信号：

① 一个月白色灯光——准许越过该信号机调车（如图7-43所示）；

② 一个月白色闪光灯光——装有平面溜放调车区集中联锁设备时，准许溜放调车（如图7-44所示）；

③ 一个蓝色灯光——不准越过该信号机调车（如图7-45所示）。

不办理闭塞的站内岔线，在岔线入口处设置的调车信号机，可用红色灯光代替蓝色灯光（如图7-46（a）所示）。

起阻挡列车运行作用的调车信号机，应采用矮型三显示机构，增加红色灯光或用红色灯光代替蓝色灯光（如图7-46（b）、图7-46（c）所示）。当该信号机的红色灯光熄灭、显示不明或显示不正确时，应视为列车的停车信号。

图7-43　固定信号图42

图 7-44　固定信号图 43

图 7-45　固定信号图 44

(a)　　　　　　　(b)　　　　　　　(c)

图 7-46　固定信号图 45

（16）驼峰色灯信号机及其复示信号机显示下列信号：

① 一个绿色灯光——准许机车车辆按规定速度向驼峰推进（驼峰色灯信号机如图 7-47

所示）；

② 一个绿色闪光灯光——指示机车车辆加速向驼峰推进（驼峰色灯信号机如图 7-48 所示）；

③ 一个黄色闪光灯光——指示机车车辆减速向驼峰推进（驼峰色灯信号机如图 7-49 所示）；

④ 一个红色灯光——不准机车车辆越过该信号机或指示机车车辆停止作业（驼峰色灯信号机如图 7-50 所示）；

⑤ 一个红色闪光灯光——指示机车车辆自驼峰退回（驼峰色灯信号机如图 7-51 所示）；

⑥ 一个月白色灯光——指示机车到峰下（驼峰色灯信号机如图 7-52 所示）；

⑦ 一个月白色闪光灯光——指示机车车辆去禁溜线或迂回线（驼峰色灯信号机如图 7-53 所示）。

驼峰色灯信号机的复示信号机平时无显示（如图 7-54 所示）；当办理驼峰推送进路后，其显示方式与驼峰色灯信号机相同。

图 7-47　固定信号图 46　　　　图 7-48　固定信号图 47

图 7-49　固定信号图 48　　　　图 7-50　固定信号图 49

图 7-51　固定信号图 50　　　　　图 7-52　固定信号图 51

图 7-53　固定信号图 52　　　　　图 7-54　固定信号图 53

　　（17）驼峰色灯辅助信号机及其复示信号机显示一个黄色灯光——指示机车车辆向驼峰预先推送（驼峰色灯辅助信号机如图 7-55 所示）；当办理驼峰推送进路后，其灯光显示均与驼峰色灯信号机显示相同。

　　驼峰色灯辅助信号机平时显示红色灯光，对列车起停车信号作用。

　　驼峰色灯辅助信号机的复示信号机平时无显示（如图 7-54 所示）；当办理驼峰推送进路或驼峰预先推送进路后，其显示方式与驼峰色灯辅助信号机相同。

图 7-55　固定信号图 54

（18）色灯复示信号机分下列几种：

① 进站、接车进路、接发车进路信号机的色灯复示信号机采用灯列式机构，显示下列信号：

a）两个月白色灯光与水平线构成 60° 角显示——表示主体信号机显示经道岔直向位置向正线接车的信号（如图 7–56所示）；

b）两个月白色灯光水平位置显示——表示主体信号机显示经道岔侧向位置接车的信号（如图 7–57 所示）；

c）无显示——表示主体信号机在关闭状态（如图 7–58所示）。

图 7–56　固定信号图 55　　图 7–57　固定信号图 56　　图 7–58　固定信号图 57

② 出站及发车进路信号机的色灯复示信号机显示下列信号：

a）一个绿色灯光——表示主体信号机在开放状态（如图 7–59 所示）；

b）无显示——表示主体信号机在关闭状态。

③ 调车色灯复示信号机显示下列信号：

a）一个月白色灯光——表示调车信号机在开放状态（如图 7–60 所示）；

b）无显示——表示调车信号机在关闭状态。

图 7–59　固定信号图 58　　　　图 7–60　固定信号图 59

进站、出站、进路、驼峰及调车色灯复示信号机均采用方形背板，以区别于一般信号机。

2. 臂板信号机

（1）进站臂板信号机显示下列信号：

① 昼间红色主臂板及黄色通过臂板下斜 45° 角，红色辅助臂板与机柱重叠；夜间两个绿色灯光——准许列车按规定速度经正线通过车站，表示出站信号机在开放状态，进路上的道岔均开通直向位置（如图 7–61 所示）。

图 7–61 固定信号图 60

② 昼间红色主臂板下斜 45° 角，黄色通过臂板在水平位置，红色辅助臂板与机柱重叠；夜间一个绿色灯光和一个黄色灯光——准许列车经道岔直向位置，进入站内正线准备停车（如图 7–62 所示）。

图 7–62 固定信号图 61

③ 昼间红色主臂板及辅助臂板下斜 45° 角，黄色通过臂板在水平位置；夜间一个绿色灯光和两个黄色灯光——准许列车经道岔侧向位置，进入站内准备停车（如图 7–63 所示）。

图 7-63　固定信号图 62

④ 昼间红色主臂板及黄色通过臂板均在水平位置，红色辅助臂板与机柱重叠；夜间一个红色灯光和一个黄色灯光——不准列车越过该信号机（如图 7-64 所示）。

图 7-64　固定信号图 63

（2）出站臂板信号机显示下列信号：

① 昼间红色臂板下斜 45° 角，夜间一个绿色灯光——准许列车由车站出发（如图 7-65 所示）；

图 7-65　固定信号图 64

② 昼间红色臂板在水平位置，夜间一个红色灯光——不准列车越过该信号机（如图 7-66 所示）；

图 7-66　固定信号图 65

③ 昼间红色主臂板及辅助臂板下斜 45° 角，夜间一个绿色灯光和一个黄色灯光——准许列车由车站出发，开往次要线路（如图 7-67 所示）。

图 7-67　固定信号图 66

（3）通过臂板信号机显示下列信号：

① 昼间红色臂板下斜 45° 角，夜间一个绿色灯光——准许列车按规定速度运行（显示方式如图 7-65 所示）；

② 昼间红色臂板在水平位置，夜间一个红色灯光——不准列车越过该信号机（显示方式如图 7-66 所示）；

有分歧线路的线路所通过臂板信号机，应按进站臂板信号机装设。

（4）预告臂板信号机显示下列信号：

① 昼间黄色臂板下斜 45° 角，夜间一个绿色灯光——表示主体信号机在开放状态（如图 7-68 所示）；

图 7-68　固定信号图 67

② 昼间黄色臂板在水平位置，夜间一个黄色灯光——表示主体信号机在关闭状态（如图 7-69 所示）。

图 7-69　固定信号图 68

（5）电动臂板复示信号机显示下列信号：

① 昼间黄色臂板下斜 45° 角，夜间一个绿色灯光——表示主体臂板信号机在开放状态（如图 7-70 所示）；

图 7-70　固定信号图 69

② 昼间黄色臂板与机柱重叠,夜间无灯光——表示主体臂板信号机在关闭状态(如图7-71 所示)。

图 7-71 固定信号图 70

3. 机车信号机

机车信号机显示下列信号:

(1)三显示自动闭塞区段的连续式机车信号机。

① 一个绿色灯光——准许列车按规定速度运行,表示列车接近的地面信号机显示绿色灯光(如图7-72 所示);

② 一个半绿半黄色灯光——准许列车按规定速度注意运行,表示列车接近的地面信号机显示一个绿色灯光和一个黄色灯光(如图7-73所示);

③ 一个带"2"字的黄色闪光——要求列车注意运行,表示列车接近的地面信号机显示一个黄色灯光,并预告次一架地面信号机开放经18号及以上道岔侧向位置的进路,且列车运行前方第三架信号机开通直向进路或开放经18号及以上道岔侧向位置的进路(如图7-74 所示);

④ 一个带"2"字的黄色灯光——要求列车注意运行,表示列车接近的地面信号机显示一个黄色灯光,并预告次一架地面信号机开放经道岔侧向位置的进路(但不满足上述第 c)项条件)(如图7-75 所示);

⑤ 一个黄色灯光——要求列车注意运行,表示列车接近的地面信号机显示一个黄色灯光,并预告次一架地面信号机处于关闭状态(如图7-86 所示);

⑥ 一个双半黄色闪光——要求列车限速运行,表示列车接近的地面信号机开放经18号及以上道岔侧向位置的进路,且次一架信号机开通直向进路或开放经18号及以上道岔侧向位置的进路;或表示列车接近设有分歧道岔线路所的地面信号机开放经18号及以上道岔侧向位置的进路、显示一个黄色闪光和一个黄色灯光(如图7-87 所示);

⑦ 一个双半黄色灯光——要求列车限速运行,表示列车接近的地面信号机开放经道岔侧向位置的进路(但不满足上述第 f)项条件)、显示两个黄色灯光或其他相应显示(如图7-88 所示);

⑧ 一个半黄半红色闪光——表示列车接近的进站、接车进路或接发车进路信号机显示引导信号或通过信号机显示容许信号(如图7-79 所示);

⑨ 一个半黄半红色灯光——要求及时采取停车措施，表示列车接近的地面信号机显示红色灯光（如图 7-80 所示）；

⑩ 一个红色灯光——表示列车已越过地面上显示红色灯光的信号机（如图 7-81 所示）；

⑪ 一个白色灯光——不复示地面上的信号显示，机车乘务人员应按地面信号机的显示运行（如图 7-82 所示）。

无显示时，表示机车信号机在停止工作状态。

图 7-72　固定信号图 71

图 7-73　固定信号图 72

图 7-74　固定信号图 73

图 7-75　固定信号图 74

图 7-76　固定信号图 75

图 7-77　固定信号图 76

图 7-78 固定信号图 77

图 7-79 固定信号图 78

图 7-80 固定信号图 79

图 7-81 固定信号图 80

图 7-82 固定信号图 81

（2）四显示自动闭塞区段连续式机车信号机。

① 一个绿色灯光——准许列车按规定速度运行，表示列车接近的地面信号机显示绿色灯光（如图 7-83 所示）；

② 一个半绿半黄色灯光——准许列车按规定速度注意运行，表示列车接近的地面信号机显示一个绿色灯光和一个黄色灯光（如图 7-84 所示）；

③ 一个带"2"字的黄色闪光——要求列车减速到规定的速度等级越过接近的显示一个黄色灯光的地面信号机，并预告次一架地面信号机开放经 18 号及以上道岔侧向位置的进路，且列车运行前方第三架信号机开通直向进路或开放经 18 号及以上道岔侧向位置的进路（如图 7-85 所示）；

④ 一个带"2"字的黄色灯光——要求列车减速到规定的速度等级越过接近的显示一个黄色灯光的地面信号机，并预告次一架地面信号机开放经道岔侧向位置的进路（但不满足上述第（3）项条件）（如图 7-86 所示）；

⑤ 一个黄色灯光——要求列车减速到规定的速度等级越过接近的显示一个黄色灯光的地面信号机，并预告次一架地面信号机处于关闭状态（如图 7-87 所示）；

⑥ 一个双半黄色闪光——要求列车限速运行，表示列车接近的地面信号机开放经 18 号及以上道岔侧向位置的进路，且次一架信号机开通直向进路或开放经 18 号及以上道岔侧向位置的进路；或表示列车接近设有分歧道岔线路所的地面信号机开放经 18 号及以上道岔侧向位置的进路、显示一个黄色闪光和一个黄色灯光（如图 7-88 所示）；

⑦ 一个双半黄色灯光——要求列车限速运行，表示列车接近的地面信号机开放经道岔侧向位置的进路（但不满足上述第（6）项条件）、显示两个黄色灯光或其他相应显示（如图 7-89 所示）；

⑧ 一个半黄半红色闪光——表示列车接近的进站、接车进路或接发车进路信号机显示引导信号或通过信号机显示容许信号（如图 7-90 所示）；

⑨ 一个半黄半红色灯光——要求及时采取停车措施，表示列车接近的地面信号机显示红色灯光（如图 7-91 所示）；

⑩ 一个红色灯光——表示列车已越过地面上显示红色灯光的信号机（如图 7-92 所示）；

⑪ 一个白色灯光——不复示地面上的信号显示，机车乘务人员应按地面信号机的显示运行（如图 7-93 所示）。

无显示时，表示机车信号机在停止工作状态。

图 7-83　固定信号图 82

图 7-84　固定信号图 83

图 7-85　固定信号图 84

图 7-86　固定信号图 85

图 7-87　固定信号图 86

图 7-88　固定信号图 87

图 7-89　固定信号图 88

图 7-90　固定信号图 89

图 7-91　固定信号图 90

图 7-92　固定信号图 91

图 7-93　固定信号图 92

（3）接近连续式机车信号机的显示方式与连续式机车信号机相同。

（4）LKJ 屏幕显示器的机车信号显示应与机车信号机的显示含义相同。

任务 7.3　移动信号及手信号

1. 移动信号

（1）移动信号显示方式如下：

① 停车信号。

昼间——表面有反光材料的红色方牌；夜间——柱上红色灯光（如图 7-94 所示）。

图 7-94　移动信号图 1

② 减速信号。

a）表面有反光材料的黄底黑字圆牌，标明列车限制速度（如图 7-95 所示）。

b）施工及其限速区段，在减速信号牌外方增设的特殊减速信号牌为表面有反光材料的黄底黑"T"字圆牌（如图 7-96 所示）。

图 7-95 移动信号图 2

图 7-96 移动信号图 3

③ 减速防护地段终端信号。

表面有反光材料的绿色圆牌（如图 7-97 所示）。在单线区段，司机应看线路右侧减速信号牌背面的绿色圆牌。

在有 1 万 t 或 2 万 t（含 1.5 万 t）货物列车运行的线路增设的 1 万 t、2 万 t（含 1.5 万 t）减速防护地段终端信号牌为表面有反光材料的绿底黑"W"字（1 万 t）或黑"L"字（1.5 万 t 和 2 万 t）圆牌（如图 7-98 所示）。

图 7-97 移动信号图 4

图 7-98 移动信号图 5

（2）在站内线路上检查、修理、整备车辆或进行装卸作业时，应在两端来车方向的左侧钢轨设置带有脱轨器的固定或移动信号牌（灯）进行防护，前后两端的防护距离均应不小于 20 m（如图 7-99 所示）；不足 20 m 时，应将道岔锁闭在不能通往该线的位置。

旅客列车在到发线上进行车辆技术作业时，用红色信号旗（灯）进行防护，可不设脱轨器。红色信号旗（灯）的设置：

① 机车摘挂相关作业时，在机次一位客车非站台侧设置。

② 技术检查作业时，在机次一位客车前端非站台侧和尾部客车后端站台侧设置。车辆乘务员单班单人值乘列车，在无客列检车站进行站折技术检查作业时，仅在来车端一位客车前端站台侧设置。

③ 处理车辆故障时，在故障车辆站台侧设置。

图 7-99　移动信号图 6

2. 响墩及火炬信号

响墩爆炸声及火炬信号的火光（如图 7-100、图 7-101 所示），均要求紧急停车。停车后如无防护人员，机车乘务人员应立即检查前方线路，如无异状，列车以在瞭望距离内能随时停车的速度继续运行，但最高不得超过 20 km/h。在自动闭塞区间，运行至前方第一架通过（进站）信号机前，如无异状，即可按该信号机显示的要求执行；在半自动或自动站间闭塞区间，经过 1 km 后，如无异状，可恢复正常速度运行。

图 7-100　响墩信号　　　　　　　　　　图 7-101　火炬信号

3. 无线调车灯显信号

使用无线调车灯显制式（如图 7-102 所示）的信号显示方式如下：

（1）一个红灯——停车信号。

（2）一个绿灯——推进信号。

（3）绿灯闪数次后熄灭——起动信号。

（4）绿、红灯交替后绿灯长亮——连结信号。

（5）绿、黄灯交替后绿灯长亮——溜放信号。

（6）黄灯闪后绿灯长亮——减速信号。

（7）黄灯长亮——十、五、三车距离信号。

① 十车距离信号（加辅助语音提示）；

② 五车距离信号（加辅助语音提示）；

③ 三车距离信号（加辅助语音提示）。

（8）两个红灯——紧急停车信号。

（9）先两个红灯后熄灭一个红灯——解锁信号。

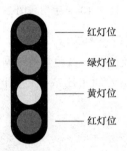

图 7-102　无线调车灯显制式

4. 手信号

（1）列车运行时，有关人员应遵守下列手信号的显示：

① 停车信号：要求列车停车。

昼间——展开的红色信号旗；夜间——红色灯光（如图 7-103 所示）。

昼间无红色信号旗时，两臂高举头上向两侧急剧摇动；夜间无红色灯光时，用白色灯光上下急剧摇动（如图 7-104 所示）。

图 7-103　手信号图 1

图 7-104　手信号图 2

② 减速信号：要求列车降低到要求的速度。

昼间——展开的黄色信号旗；夜间——黄色灯光（如图 7-105 所示）。

昼间无黄色信号旗时，用绿色信号旗下压数次；夜间无黄色灯光时，用白色或绿色灯光下压数次（如图 7-106 所示）。

图 7-105　手信号图 3

图 7-106　手信号图 4

③ 发车信号：要求司机发车。

昼间——展开的绿色信号旗上弧线向列车方面作圆形转动；夜间——绿色灯光上弧线向列车方面作圆形转动（如图 7-107 所示）。

在设有发车表示器的车站，按发车表示器显示发车。

图 7-107　手信号图 5

④ 通过手信号：准许列车由车站（场）通过。

昼间——展开的绿色信号旗；夜间——绿色灯光（如图 7-108 所示）。

图 7-108　手信号图 6

⑤ 引导手信号：准许列车进入车场或车站。

昼间——展开的黄色信号旗高举头上左右摇动；夜间——黄色灯光高举头上左右摇动（如图 7-109 所示）。

图 7-109　手信号图 7

⑥ 特定引导手信号显示方式：昼间为展开绿色信号旗高举头上左右摇动，夜间为绿色灯光高举头上左右摇动（如图 7-110 所示）。

图 7-110　手信号图 8

（2）调车手信号的显示方式如下：

① 停车信号。

显示方式如图 7-103 所示。

② 减速信号。

昼间——展开的绿色信号旗下压数次；夜间——绿色灯光下压数次（显示方式如图 7-106 所示）。

③ 指挥机车向显示人方向来的信号。

昼间——展开的绿色信号旗在下部左右摇动；夜间——绿色灯光在下部左右摇动（如图 7-111 所示）。

图 7–111　手信号图 9

④ 指挥机车向显示人方向稍行移动的信号。

昼间——拢起的红色信号旗直立平举，再用展开的绿色信号旗左右小动；夜间——绿色灯光下压数次后，再左右小动（如图 7–112 所示）。

图 7–112　手信号图 10

⑤ 指挥机车向显示人反方向去的信号。

昼间——展开的绿色信号旗上下摇动；夜间——绿色灯光上下摇动（如图 7–113 所示）。

图 7–113　手信号图 11

⑥ 指挥机车向显示人反方向稍行移动的信号。

昼间——拢起的红色信号旗直立平举，再用展开的绿色信号旗上下小动；夜间——绿色灯光上下小动（如图7-114所示）。

图7-114　手信号图12

对显示本条第②、③、④、⑤、⑥中转信号时，昼间可用单臂，夜间可用白色灯光依式中转。

（3）联系用的手信号的显示方式如下：

① 道岔开通信号：表示进路道岔准备妥当。

昼间——拢起的黄色信号旗高举头上左右摇动；夜间——白色灯光高举头上（如图7-115所示）。

机车出入段进路道岔准备妥当后，显示如下道岔开通信号：

昼间——展开的黄色信号旗高举头上左右摇动；夜间——黄色灯光高举头上左右摇动（如图7-116所示）。

图7-115　手信号图13

图7-116　手信号图14

② 股道号码信号：要道或回示股道开通号码。

一道：昼间——两臂左右平伸；夜间——白色灯光左右摇动（如图 7-117 所示）。

二道：昼间——右臂向上直伸，左臂下垂；夜间——白色灯光左右摇动后，从左下方向右上方高举（如图 7-118 所示）。

三道：昼间——两臂向上直伸；夜间——白色灯光上下摇动（如图 7-119 所示）。

四道：昼间——右臂向右上方，左臂向左下方各斜伸 45° 角；夜间——白色灯光高举头上左右小动（如图 7-120 所示）。

五道：昼间——两臂交叉于头上；夜间——白色灯光作圆形转动（如图 7-121所示）。

六道：昼间——左臂向左下方，右臂向右下方各斜伸 45° 角；夜间——白色灯光作圆形转动后，再左右摇动（如图 7-122 所示）。

七道：昼间——右臂向上直伸，左臂向左平伸；夜间——白色灯光作圆形转动后，左右摇动，然后再从左下方向右上方高举（如图 7-123 所示）。

八道：昼间——右臂向右平伸，左臂下垂；夜间——白色灯光作圆形转动后，再上下摇动（如图 7-124 所示）。

九道：昼间——右臂向右平伸，左臂向右下斜 45° 角；夜间——白色灯光作圆形转动后，再高举头上左右小动（如图 7-125所示）。

图 7-117　手信号图 15

图 7-118　手信号图 16

十道：昼间——左臂向左上方，右臂向右上方各斜伸 45°角；夜间——白色灯光左右摇动后，再上下摇动作成十字形（如图 7-126所示）。

十一至十九道，须先显示十道股道号码，再显示所要股道号码的个位数信号。

二十道及其以上的股道号码，各站根据需要自行规定，并纳入《站细》。

图 7-119　手信号图 17

图 7-120　手信号图 18

图 7-121　手信号图 19

图 7-122   手信号图 20

图 7-123   手信号图 21

图 7-124   手信号图 22

图 7-125　手信号图 23

图 7-126　手信号图 24

③ 连结信号：表示连挂作业。

昼间——两臂高举头上，使拢起的手信号旗杆成水平末端相接；夜间——红、绿色灯光（无绿色灯光的人员，用白色灯光）交互显示数次（如图 7-127 所示）。

图 7-127　手信号图 25

④ 溜放信号：表示溜放作业。

昼间——拢起的手信号旗两臂高举头上交叉后，急向左右摇动数次；夜间——红色灯光作圆形转动（如图 7-128 所示）。

图 7-128　手信号图 26

⑤ 停留车位置信号：表示车辆停留地点。

夜间——白色灯光左右小摇动（如图 7-129 所示）。

图 7-129　手信号图 27

⑥ 十、五、三车距离信号：表示推进车辆的前端距被连挂车辆的距离。

昼间——展开的绿色信号旗单臂平伸，夜间——绿色灯光，在距离停留车十车（约 110 m）时连续下压三次，五车（约 55 m）时连续下压两次，三车（约 33 m）时下压一次（如图 7-130 所示）。

图 7-130　手信号图 28

⑦ 取消信号：通知将前发信号取消。

昼间——拢起的手信号旗，两臂于前下方交叉后，急向左右摇动数次；夜间——红色灯光作圆形转动后，上下摇动（如图 7-131 所示）。

图 7-131　手信号图 29

⑧　要求再度显示信号：前发信号不明，要求重新显示。

昼间——拢起的手信号旗右臂向右方上下摇动；夜间——红色灯光上下摇动（如图 7-132 所示）。

图 7-132　手信号图 30

⑨　告知显示错误的信号：告知对方信号显示错误。

昼间——拢起的手信号旗两臂左右平伸同时上下摇动数次；夜间——红色灯光左右摇动（如图 7-133 所示）。

图 7-133　手信号图 31

（4）在显示手信号时，凡昼间持有手信号旗的人员，应将信号旗拢起，左手持红旗，右手持绿旗（扳道员右手持黄旗），不持信号旗的人员徒手按各该条规定方式显示信号。

（5）试验列车自动制动机的手信号显示方式如下：

① 制动。

昼间——用检查锤高举头上；夜间——白色灯光高举（如图7-134所示）。

图7-134　手信号图32

② 缓解。

昼间——用检查锤在下部左右摇动；夜间——白色灯光在下部左右摇动（如图7-135所示）。

图7-135　手信号图33

③ 试验结束。

昼间——用检查锤作圆形转动；夜间——白色灯光作圆形转动（如图7-136所示）。

车站人员显示上述信号时，昼间可用拢起的信号旗代替。司机应注意瞭望试验信号，并按规定回答。

如列车制动主管未达到规定压力，试验人员要求司机继续充风时，按照缓解的信号同样显示。

图 7-136　手信号图 34

（6）发现接触网故障，需要机车临时降弓通过时，发现的人员应在规定地点显示下列手信号：

① 降弓手信号。

昼间——左臂垂直高举，右臂前伸并左右水平重复摇动；夜间——白色灯光上下左右重复摇动（如图 7-137 所示）。

图 7-137　手信号图 35

② 升弓手信号。

昼间——左臂垂直高举，右臂前伸并上下重复摇动；夜间——白色灯光作圆形转动（如图 7-138 所示）。

图 7-138　手信号图 36

任务 7.4   信号表示器及标志

1. 信号表示器

（1）道岔表示器的显示方式如下：

① 昼间无显示；夜间为紫色灯光——表示道岔位置开通直向（如图 7-139 所示）。

图 7-139   信号表示器图 1

② 昼间为中央划有一条鱼尾形黑线的黄色鱼尾形牌；夜间为黄色灯光——表示道岔位置开通侧向（如图 7-140 所示）。

图 7-140   信号表示器图 2

③ 在调车区为集中联锁时，进行连续溜放作业的分歧道岔应有道岔表示器，平时无显示，当进行溜放作业时，其显示方式如下：

a）紫色灯光——表示道岔开通直向（如图 7-141（a）所示）；

b）黄色灯光——表示道岔开通侧向（如图 7-141（b）所示）。

(a)   (b)

图 7-141   信号表示器图 3

（2）脱轨表示器的显示方式如下：

① 带白边的红色长方牌及红色灯光——表示线路在遮断状态（如图7-142所示）；

② 带白边的绿色圆牌及月白色灯光——表示线路在开通状态（如图7-143所示）。

图7-142　信号表示器图4　　　　　　　图7-143　信号表示器图5

（3）进路表示器在其主体信号机开放时点亮，用于区别进路开通方向或双线区段反方向发车，不能独立构成信号显示。

① 两个发车方向，当信号机在开放的条件下，分别按左、右两个白色灯光，区别进路开通方向（如图7-144所示）。

图7-144　信号表示器图6

② 三个发车方向，其显示方式如下：

a）信号机在开放状态及表示器左方显示一个白色灯光——表示进路开通，准许列车向左侧线路发车（如图7-145所示）；

b）信号机在开放状态及表示器中间显示一个白色灯光——表示进路开通，准许列车向中间线路发车（如图7-146所示）；

c）信号机在开放状态及表示器右方显示一个白色灯光——表示进路开通，准许列车向右侧线路发车（如图7-147所示）。

图 7-145　信号表示器图 7

图 7-146　信号表示器图 8

图 7-147　信号表示器图 9

③ 四个及其以上发车方向，进路表示器按灯光排列表示。

四个发车方向（由左至右 A、B、C、D 方向）显示方式如下：

a）信号机在开放状态及表示器左方横向显示两个白色灯光——表示进路开通，准许列车向左侧 A 方向线路发车（如图 7-148 所示）；

b）信号机在开放状态及表示器左方斜向显示两个白色灯光——表示进路开通，准许列车向左侧 B 方向线路发车（如图 7-149 所示）；

c）信号机在开放状态及表示器右方斜向显示两个白色灯光——表示进路开通，准许列车向右侧 C 方向线路发车（如图 7-150 所示）；

d）信号机在开放状态及表示器右方横向显示两个白色灯光——表示进路开通，准许列车向右侧 D 方向线路发车（如图 7-151 所示）。

五个发车方向（由左至右 A、B、C、D、E 方向）显示方式如下：

a）同四个发车方向的第（1）项——表示进路开通，准许列车向左侧 A 方向线路发车（如图 7-148 所示）；

b）同四个发车方向的第（2）项——表示进路开通，准许列车向左侧 B 方向线路发车（如图 7-149 所示）；

图 7-148　信号表示器图 10

图 7-149　信号表示器图 11

图 7-150　信号表示器图 12

c）信号机在开放状态及表示器中间竖向显示两个白色灯光——表示进路开通，准许列车向中间 C 方向线路发车（如图 7–152 所示）；

d）同四个发车方向的第（3）项——表示进路开通，准许列车向右侧 D 方向线路发车（如图 7–150 所示）；

e）同四个发车方向的第（4）项——表示进路开通，准许列车向右侧 E 方向线路发车（如图 7–151 所示）。

图 7–151　信号表示器图 13

图 7–152　信号表示器图 14

六个发车方向（由左至右 A、B、C、D、E、F 方向）显示方式如下：

a）信号机在开放状态及表示器左方竖向显示两个白色灯光——表示进路开通，准许列车向左侧 A 方向线路发车（如图 7–153 所示）；

b）信号机在开放状态及表示器左方横向显示两个白色灯光——表示进路开通，准许列车向左侧 B 方向线路发车（如图 7–154 所示）；

c）信号机在开放状态及表示器左方斜向显示两个白色灯光——表示进路开通，准许列车向左侧 C 方向线路发车（如图 7–155所示）；

d）信号机在开放状态及表示器右方斜向显示两个白色灯光——表示进路开通，准许列车向右侧 D 方向线路发车（如图 7–156 所示）；

e）信号机在开放状态及表示器右方横向显示两个白色灯光——表示进路开通，准许列车向右侧 E 方向线路发车（如图 7–157 所示）；

f）信号机在开放状态及表示器右方竖向显示两个白色灯光——表示进路开通，准许列车向右侧 F 方向线路发车（如图 7–158 所示）。

七个发车方向（由左至右 A、B、C、D、E、F、G 方向）显示方式如下：

a）同六个发车方向的第（1）项——表示进路开通，准许列车向左侧 A 方向线路发车（如图 7–153 所示）；

b）同六个发车方向的第（2）项——表示进路开通，准许列车向左侧 B 方向线路发车（如图 7–154 所示）；

c）同六个发车方向的第（3）项——表示进路开通，准许列车向左侧 C 方向线路发车（如图 7–155 所示）；

d）信号机在开放状态及表示器中间竖向显示两个白色灯光——表示进路开通，准许列车向中间 D 方向线路发车（如图 7-159 所示）；

　　e）同六个发车方向的第（4）项——表示进路开通，准许列车向右侧 E 方向线路发车（如图 7-156 所示）；

　　f）同六个发车方向的第（5）项——表示进路开通，准许列车向右侧 F 方向线路发车（如图 7-157 所示）；

　　g）同六个发车方向的第（6）项——表示进路开通，准许列车向右侧 G 方向线路发车（如图 7-158 所示）。

图 7-153　信号表示器图 15　　　图 7-154　信号表示器图 16　　　图 7-155　信号表示器图 17

图 7-156　信号表示器图 18　　　图 7-157　信号表示器图 19　　　图 7-158　信号表示器图 20

图 7-159　信号表示器图 21

④ 在双线区段仅用于区分反方向发车时，其显示方式如下：

a）信号机在开放状态且表示器不点亮——准许列车正方向发车（如图 7-160 所示）；

b）信号机在开放状态且表示器显示一个白色灯光——准许列车反方向发车（如图 7-161 所示）。

图 7-160　信号表示器图 22　　　　图 7-161　信号表示器图 23

（4）发车线路表示器在线群出站信号机开放后显示一个白色灯光——准许该线路上的列车发车（如图 7-162 所示）。

不许发车的线路，所属该线路的发车线路表示器不能点亮。

发车线路表示器可用于驼峰调车场，作为调车线路表示器，显示一个白色灯光——准许调车。

图 7-162　信号表示器图 24

（5）发车表示器常态不显示；显示一个白色灯光——表示车站人员准许发车（如图 7-163 所示）。

图 7-163　信号表示器图 25

（6）调车表示器的显示方式如下：

① 向调车区方向显示一个白色灯光——准许机车车辆自调车区向牵出线运行（如图 7-164所示）；

② 向牵出线方向显示一个白色灯光——准许机车车辆自牵出线向调车区运行（如图 7-165所示）；

③ 向牵出线方向显示两个白色灯光——准许机车车辆自牵出线向调车区溜放（如图 7-166所示）。

图 7-164　信号表示器图 26　　图 7-165　信号表示器图 27　　图 7-166　信号表示器图 28

（7）车挡表示器设置在线路终端的车挡上，昼间一个红色方牌；夜间显示一个红色灯光（如图 7-167所示）。

安全线及避难线可不设置车挡表示器。

图 7-167　信号表示器图 29

2. 线路标志及信号标志

（1）线路标志包括：公里标、半公里标，曲线标，圆曲线和缓和曲线的始终点标，桥梁标，隧道（明洞）标，坡度标，以及铁路局、工务段、线路车间、线路工区和供电段的界标。

信号标志包括：警冲标，站界标，预告标，引导员接车地点标，司机鸣笛标，电气化区段的电力机车禁停标，断电标、合电标，接触网终点标，准备降下受电弓标、降下受电弓标、升起受电弓标，作业标，减速地点标，补机终止推进标、机车停车位置标，四显示机车信号接通标，四显示机车信号断开标，轨道电路调谐区标志，级间转换标，通信模式转换标，以及除雪机用的临时信号标志等。

（2）线路、信号标志应设在其内侧距线路中心不小于 3.1 m 处（警冲标除外）。

① 线路标志，按计算公里方向设在线路左侧。双线区段须另设线路标志时，应设在列车运行方向左侧。

a）公里标、半公里标，设在一条线路自起点计算每一整公里、半公里处（如图 7-168 所示）。

图 7-168　线路标志图 1

b）曲线标，设在曲线中点处，标明曲线中心里程、半径大小、曲线和缓和曲线长度（如图 7-169 所示）。

图 7-169　线路标志图 2

c）圆曲线和缓和曲线的始终点标，设在直缓、缓圆、圆缓、缓直各点处，标明所向方向为直线、圆曲线或缓和曲线（如图 7-170 所示）。

图 7-170　线路标志图 3

d）桥梁标，设在桥梁两端桥头处，标明桥梁编号、中心里程和长度（如图 7-171 所示）。

图 7-171　线路标志图 4

e）隧道（明洞）标，直接标注在隧道（明洞）两端洞门端墙上，标明隧道号或名称，中心里程和长度（如图 7-172 所示）。

图 7-172　线路标志图 5

f）坡度标，设在线路坡度的变坡点处，两侧各标明其所向方向的上、下坡度值及其长度（如图 7-173 所示）。

图 7-173　线路标志图 6

g）铁路局、工务段、线路车间、线路工区和供电段的界标，设在各该单位管辖地段的分界点处，两侧标明所向的单位名称（如图 7-174 所示）。

② 信号标志，设在列车运行方向左侧（警冲标除外）。双线区段的轨道电路调谐区标志设在线路外侧。

a）警冲标，设在两会合线路线间距离为 4 m 的中间。线间距离不足 4 m 时，设在两线路中心线最大间距的起点处（如图 7-175 所示）。在线路曲线部分所设道岔附近的警冲标与线路中心线间的距离应按限界的加宽增加。

图 7-174　信号标志图 1　　　　　　图 7-175　信号标志图 2

b）站界标，设在双线区间列车运行方向左侧最外方顺向道岔（对向出站道岔的警冲标）外不少于 50 m 处，或邻线进站信号机相对处（如图 7-176 所示）。

c）预告标，设在进站信号机及线路所通过信号机外方 900 m、1 000 m 及 1 100 m 处（如图 7-177 所示），但在设有预告或接近信号机及自动闭塞的区段，均不设预告标。

图 7-176　信号标志图 3

图 7-177　信号标志图 4

在双线区间，退行的列车看不见邻线的预告标时，在距站界外 1 100 m 处特设一个预告标（如图 7-178 所示）。

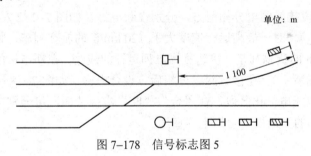

图 7-178　信号标志图 5

d）引导员接车地点标，列车在距站界 200 m 以外，不能看见引导人员在进站信号机或站界标处显示的手信号时，须在列车距站界 200 m 外能清晰地看见引导人员手信号的地点设置（如图 7-179 所示）。

图 7-179　信号标志图 6

e）司机鸣笛标，设在道口、大桥、隧道及视线不良地点的前方 500～1 000 m 处（如图 7-180 所示）。在非限鸣区域，司机见此标志须长声鸣笛；在限鸣区域内，司机见此标志应开启灯显示警设备，除遇危及行车安全等情况外，限制鸣笛。

f）电力机车禁停标，设在站场、区间接触网锚段关节式电分段两端，电力机车（动车组）在该标志提示的禁停区域内不得停留（如图 7-181 所示）。

图 7-180　信号标志图 7　　　　图 7-181　信号标志图 8

g）在电气化区段接触网电分相前方，分别设断电标（如图 7-182 左图所示）、禁止双弓标（如图 7-183 所示）。对于最高运行速度大于 120 km/h 的旅客列车、特快货物班列及最高运行速度为 120 km/h 的货物列车、快速货物班列运行的线路，在断电标的前方增设特殊断电标（如图 7-182 右图所示）。在接触网电分相后方设合电标（如图 7-184 所示），设置位置如图 7-185 所示。在双线电气化区段，在"合"、"断"电标背面，可分别加装"断"、"合"字标，作为反方向行车的"断"、"合"电标使用。

图 7-182　信号标志图 9

图 7-183　信号标志图 10

图 7-184　信号标志图 11

单位：m

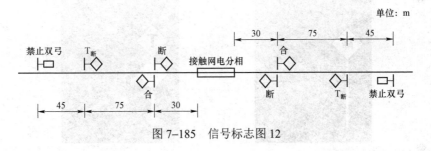

图 7-185　信号标志图 12

h）接触网终点标，设在接触网边界（如图 7-186 所示）。

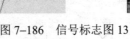
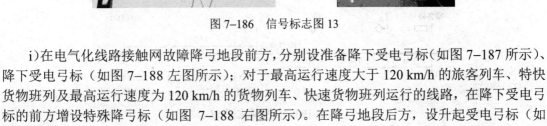

图 7-186　信号标志图 13

i）在电气化线路接触网故障降弓地段前方，分别设准备降下受电弓标（如图 7-187 所示）、降下受电弓标（如图 7-188 左图所示）；对于最高运行速度大于 120 km/h 的旅客列车、特快货物班列及最高运行速度为 120 km/h 的货物列车、快速货物班列运行的线路，在降下受电弓标的前方增设特殊降弓标（如图 7-188 右图所示）。在降弓地段后方，设升起受电弓标（如图 7-189 所示），设置位置如图 7-190 所示。

图 7-187　信号标志图 14

图 7-188　信号标志图 15

图 7-189　信号标志图 16

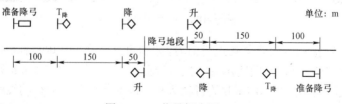

图 7-190　信号标志图 17

j）作业标，设在施工线路及其邻线距施工地点两端 500～1 000 m 处（如图 7-191 所示）。司机见此标志须长声鸣笛，注意瞭望。

图 7-191　信号标志图 18

k）减速地点标，设在需要减速地点的两端各 20 m 处。正面表示列车应按规定限速通过地段的始点，背面表示列车应按规定限速通过地段的终点（如图 7-192 所示）。

图 7-192　信号标志图 19

l）补机终止推进标（如图 7-193 所示）、机车停车位置标（如图 7-194 所示），设置位置由铁路局规定。

图 7-193　信号标志图 20

图 7-194 信号标志图 21

m）四显示机车信号接通标（机车信号接通标）：涂有白底色、黑竖线、黑框的反光菱形板及黑白相间的立柱标志（如图 7-195 所示）。

n）四显示机车信号断开标：涂有白底色、中间断开的黑横线、黑框的反光菱形板及黑白相间的立柱标志（如图 7-196 所示）。

图 7-195 信号标志图 22　　　　　图 7-196 信号标志图 23

o）轨道电路调谐区标志：

Ⅰ型为反方向区间停车位置标，涂有白底色、黑框、黑"停"字、斜红道，标明调谐区长度的反光菱形板标志（如图 7-197 所示）。

Ⅱ型为反方向行车困难区段的容许信号标，涂有黄底色、黑框、黑"停"字、斜红道，标明调谐区长度的反光菱形板标志（如图 7-198 所示）。

Ⅲ型用于反方向运行合并轨道区段之间的调谐区或因轨道电路超过允许长度而设立分隔点的调谐区，为涂有蓝底色、白"停"字、斜红道，标明调谐区长度的反光菱形板标志（如图 7-199 所示）。

以上三种调谐区标志均使用黑白相间的立柱。

图 7-197　信号标志图 24　　　图 7-198　信号标志图 25　　　图 7-199　信号标志图 26

p）级间转换标：在 CTCS-0／CTCS-2 级转换边界一定距离前方的级间转换应答器组对应的线路左侧设级间转换标志。该标志采用涂有白底色、黑框、写有黑"C0"、"C2"标记的反光菱形板及黑白相间的立柱（如图 7-200（a）、（b）所示）。

(a)"C0"标记　　　　　　(b)"C2"标记

图 7-200　信号标志图 27

q）通信模式转换标：在始发站列车停车标内方或需要转换通信模式的相应地点设机车综合无线通信设备通信模式转换提示标志，标志牌顶边距轨面 2.5 m。该标志标面采用涂有白底色、黑框、写有黑"通信转换"字样的方形板，如图 7-201（a）、（b）所示。

(a) 图1　　　　　　　　(b) 图2

图 7-201　信号标志图 28

（3）通知操纵除雪机人员的临时信号标志如下：

① 除雪机工作阻碍标——表示前面有道口、道岔、桥梁等建（构）筑物，妨碍除雪机在工作状态下通过；

② 除雪机工作阻碍解除标——表示已通过阻碍地点。

上述标志的设置如图 7-202 所示。

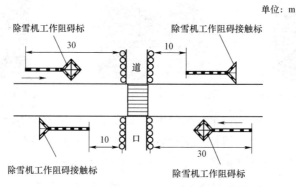

图 7-202　信号标志图 29

3. 线路安全保护标志

（1）铁路线路安全保护区的范围按《铁路安全管理条例》的规定执行。线路安全保护区标桩分为 A 型（如图 7-203（a）所示）、B 型（如图 7-203（b）所示）两种。

A 型标桩为基本型，沿铁路线路安全保护区边界每 200 m 左右设置一个，特殊地段可增加或减少设置数量，人烟稀少地区可不设置。

B 型标桩为辅助型，适于在人员活动频繁地段的道口、桥隧两端、公路立交桥附近醒目地点、居民区附近和人身伤害事故多发地段的铁路线路安全保护区边界设置。

标桩在铁路线路两侧规定距离设置时，应与线路另一侧标桩相错埋设。

（a）A型　　　　　　　　　（b）B型

图 7-203　线路安全保护标志图 1

（2）在下列地点应设置警示、保护标志：

① 在未全封闭的铁路桥梁、隧道两端的线路两侧，设严禁通过标（如图 7-204（a）所示）；

② 在铁路桥梁跨越河道上下游规定的地点，设严禁采砂标（如图 7-204（b）所示）；

③ 在铁路信号、通信光（电）缆埋设地点，设电缆标（如图 7-204（c）所示）；

④ 在电气化铁路接触网、自动闭塞供电线路和电力贯通线路等电力设施附近易发生危险的地方，设严禁进入标（如图 7-204（d）所示）。

(a) 严禁通过   (b) 严禁采砂

(c) 电缆标   (d) 严禁进入

图 7-204   线路安全保护标志图 2

（3）在铁路线路允许行人、自行车通过，禁止机动车通过的人行过道应设置人行过道路障桩（如图 7-205 所示）。

图 7-205   线路安全保护标志图 3

4. 列车标志

列车应在头部和尾部分别显示不同的列车标志。列车标志的显示方式，昼间与夜间相同，但昼间不点灯，其显示方式如下：

（1）列车牵引运行时，机车前端一个头灯及中部两侧各一个白色灯光（如图 7-206 所示）。列车尾部两个侧灯，向后显示红色灯光，向前显示白色灯光；挂有货物列车列尾装置时，为列尾装置向后显示红白相间的反射标志和一个红色闪光灯光（如图 7-207 所示）。动车组以外的旅客列车尾部加挂客车时，侧灯位置不作调整，最后一辆客车的制动软管，总风软管须吊起。

图 7-206　列车标志图 1

图 7-207　列车标志图 2

（2）列车推进运行时，列车前端两个侧灯，向前显示红色灯光，向后显示白色灯光；挂有货物列车列尾装置时，为列尾装置向前显示红白相间的反射标志和一个红色闪光灯光（如图 7-208 所示）。机车后端中部左侧一个红色灯光（如图 7-209、图 7-210 所示）。

图 7-208　列车标志图 3

图 7-209　列车标志图 4

图 7-210　列车标志图 5

（3）列车后端挂有补机时，机车后端标志与本条第 2 款同。

（4）单机运行时，机车前端标志与本条第 1 款同；后端标志与本条第 2 款同。

（5）调车机车及机车出入段时，机车前端标志与本条第 1 款同；机车后端标志与本条第 2 款同。

（6）轨道车运行时，前端一个白色灯光（如图 7-211 所示）；后端一个红色灯光（如图 7-212 所示）。

图 7-211　列车标志图 6

图 7-212　列车标志图 7

任务 7.5　听 觉 信 号

（1）听觉信号，长声为 3 s，短声为 1 s，音响间隔为 1 s。重复鸣示时，须间隔 5 s 以上。

（2）机车、自轮运转特种设备作业中提示注意、相互联系等应使用通信设备方式。遇联系不通或危及行车人身安全时，应采用鸣笛方式。机车、自轮运转特种设备鸣笛鸣示方式见表 7-1。

表 7-1　机车、自轮运转特种设备鸣笛鸣示方式表

名称	鸣示方式	使用时机
起动注意信号	一长声 —	1. 列车起动或机车车辆前进时（双机牵引或使用补机时，本务机车鸣笛后，补机应回答，本务机车再鸣笛一长声后起动） 2. 接近鸣笛标、道口、桥梁、隧道、行人、施工地点或天气不良时 3. 电力机车、自轮运转特种设备在检修及整备中，准备降下或升起受电弓时
退行信号	二长声 — —	列车、机车车辆、单机开始退行时
召集信号	三长声 — — —	要求防护人员撤回时
牵引信号	一长一短声 — ·	途中本务机车要求补机牵引运行时（补机应以同样信号回答）
惰行信号	一长二短声 — · ·	本务机车要求补机惰力推进或要求补机断开主断路器时（补机应以同样信号回答）
途中降弓信号	一短一长声 · —	1. 电力机车双机牵引中，本务机车司机要求补机降下受电弓时（补机须以同样信号回答） 2. 电力机车司机在途中发现降弓手信号时，应鸣此信号回示
途中升弓信号	一短二长声 · — —	1. 电力机车双机牵引中，本务机车司机要求补机升起受电弓时（补机须以同样信号回答） 2. 电力机车司机在途中发现升弓手信号时，应鸣此信号回示
呼唤信号	二短一长声 · · —	1. 机车要求出入段时 2. 在车站要求显示信号时
警报信号	一长三短声 — · · ·	发现线路有危及行车安全的不良处所时
试验自动制动机及复示信号	一短声 ·	1. 试验制动机开始减压时 2. 接到试验制动结束的手信号，回答试风人员时 3. 调车作业中，表示已接受调车长所发出的手信号时
缓解及溜放信号	二短声 · ·	1. 试验制动机缓解时 2. 要求列车乘务组缓解人力制动机时 3. 复示溜放调车信号时
拧紧人力制动机信号	三短声 · · ·	1. 要求列车乘务组拧紧人力制动机时 2. 要求就地制动时
紧急停车信号	连续短声 · · · · · · ·	司机发现（或接到通知）邻线发生障碍，向邻线上运行的列车发出紧急停车信号时。邻线列车司机听到此种信号后，应紧急停车

（3）口笛、号角鸣示方式见表 7-2。

表 7-2　口笛、号角鸣示方式表

用途及时机	鸣示方式	
发车、指示机车向显示人反方向移动	一长声	—
指示机车向显示人方向移动	一短一长声	• —
试验制动机减压	一短声	•
试验制动机缓解	二短声	• •
试验制动机结束及安全信号	一短一长二短声	• — • •
一道	一短声	•
二道	二短声	• •
三道	三短声	• • •
四道	四短声	• • • •
五道	五短声	• • • • •
六道	一长一短声	— •
七道	一长二短声	— • •
八道	一长三短声	— • • •
九道	一长四短声	— • • • •
十道	二长声	— —
二十道	二短二长声	• • — —
十、五、三车距离信号：十车	三短声	• • •
十、五、三车距离信号：五车	二短声	• •
十、五、三车距离信号：三车	一短声	•
连结及停留车位置	一长一短一长声	— • —
停车	连续短声	• • • • • • •
要求司机鸣笛	二长三短声	— — • • •
试拉	一短声	•
减速	连续二短声	• • • •
溜放	三长声	— — —
取消	二长一短声	— — •
再显示	二长二短声	— — • •
列车接近通报信号：上行	二长声	— —
列车接近通报信号：下行	一长声	—

参考文献

［1］李一龙. 铁路行车规章. 4 版. 北京：中国铁道出版社，2020.